Simples Contes des

Rudyard Kipling

(Translator: Albert Savine)

Alpha Editions

This edition published in 2023

ISBN : 9789357959698

Design and Setting By
Alpha Editions
www.alphaedis.com
Email - info@alphaedis.com

Contents

PRÉFACE

Quand Rudyard Kipling, en 1888, publia à Calcutta la première édition des *Simples Contes des Collines*, il n'avait que vingt-quatre ans et son bagage littéraire se composait d'un seul livre, les *Departmental Ditties* (*Chansons administratives*), vers de circonstances et de société, qui avaient fait bien augurer de son avenir littéraire.

Né à Bombay en 1864, il était, comme on le sait, le fils de John Lockwood Kipling, directeur de l'école des Beaux-Arts de Lahore. Il avait été élevé en Angleterre dans le Devon du Nord et n'était revenu que six ans avant dans les Indes où il s'était associé, à titre de directeur-adjoint à la rédaction de la *Lahore civil and military Gazette* dont il fut un moment le correspondant et le représentant à Rajpaitana.

On se souvient encore à Simla du compte-rendu en vers qu'il inséra dans son journal lors de l'ouverture du Gaiety-Theatre.

On n'y a pas oublié le comique du jeu de miss Kipling, sa sœur, interprétant chez lady Roberts le rôle de la nourrice de *Lucie de Lammermoor*, mais au frère on n'a pas pardonné Mrs Hauksbee, Mrs Reiver et d'autres de ses portraits trop exacts qui abondent dans les *Simples Contes*.

A peu près ignorée chez nous, la station de Simla est l'une des villes des Indes anglaises les plus célèbres de l'autre côté de la Manche.

Édouard Buck a décrit, il y a deux ou trois ans, les vicissitudes de la fortune de Simla dans le passé et dans le présent.

Tout son district, les Collines, contreforts des Himalayas, est un cordon de sanatoria, véritable prise de possession par la civilisation européenne des montagnes qui dominent la plaine semée des ruines des temples resplendissants de l'ancienne civilisation hindoue.

Simla s'élève au point le plus pittoresque de ce paysage enchanteur. Capitale d'été et sanatorium le plus réputé, ce sont les séjours des vice-rois des Indes et de leur cortège de fonctionnaires qui ont fait la fortune de cette station.

Buck reproduit dans son ouvrage, d'après un dessin du temps, le Kennedy-House, origine du Simla actuel. C'était un banal cottage anglais, comme en bâtissent aujourd'hui par milliers pour deux cent cinquante à trois cents livres sterling les compagnies de constructions à bon marché qui exploitent la banlieue londonienne. A l'unique châlet de 1819, avaient succédé soixante maisons quand Jacquemont visita Simla. En 1881, il y en avait onze cent quarante et une et la population stable, la population hivernale, s'élevait à 13,200 habitants.

Les paysages de Simla étaient depuis longtemps célèbres avant même que le capitaine J.-P. Thomas fît graver un album des principaux sites de la région. L'automne y est superbe, et la saison des pluies seule s'y montre impitoyable[1].

[1] Kipling a décrit ces orages dans deux contes: *Aurore Trompeuse* et *La Conversion d'Aurélien Mac Goggin*.

L'été, on menait une vie très joyeuse à Simla. On s'amusait beaucoup et le Delhi Sketch Book n'avait pas oublié d'illustrer d'un crayon malicieux le conseil salutaire: «N'allez jamais trop vite aux tournants de Jakko»; Jakko, c'était, alors comme aujourd'hui, la grand'route qui contourne en bas de côte la montagne aux flancs boisés de déodoras, de cèdres, de chênes et de rhododendrons. Les tournants en sont un peu brusques et les couples de cavaliers grisés par les émotions du site, de la course, et des doux entretiens risquaient des surprises compromettantes, surtout dans un milieu désœuvré, jaseur et soupçonneux.

Le cadre des *Simples Contes* n'est pas très vaste, ont dit certains.

Oui, si l'on peut marquer des frontières à cette chose sans limites, le cœur humain.

C'était le monde anglo-indien, ce milieu de fonctionnaires nantis de riches appointements et de grasses sinécures qu'envient tous les jeunes fils d'Albion.

Jusque-là ce monde n'avait eu pour le peindre qu'une littérature floue et sans vie. Rudyard Kipling lui donnait le verbe.

Le monde anglo-indien se reconnut. Ce fut un scandale et un succès très grands.

Ceux qui se jugeaient malmenés parce que telle allusion pouvait évoquer leurs noms dans la pensée de leurs amis auraient préféré à coup sûr que Kipling se fût uniquement borné à des peintures de mœurs indigènes ou à des mises en scène de troupiers. Aussi il fallait les entendre regretter telle nouvelle, sans intérêt à leur gré, et célébrer le merveilleux talent déployé dans *Les trois Mousquetaires* ou *Dans la Maison de Suddhoo*.

La critique finit par s'en mêler.

Elle compara Kipling à Lever, ce qui était vraiment beaucoup d'honneur pour le vieil écrivain irlandais[2] et à Bret-Harte qu'elle lui préférait comme portraitiste féminin, ce qui est d'ailleurs fort juste, comme en jugeront bientôt les lecteurs de *Maruja*, mais elle ne se préoccupa guère de savoir si Kipling s'est soucié de faire des portraits.

[2] Les troupiers des romans de Lever sont d'heureuses créations qui ne pâlissent en effet pas trop à côté des soldats de Kipling.

Et en réalité il n'en avait point fait, pas plus qu'il ne s'était attardé à mettre en scène les hommes et les femmes des Collines avec leurs longues pipes en bois et leurs bizarres attitudes.

Kipling n'avait pas écrit un livre à clé, besogne plus ou moins facile de photographe. Il avait agi en artiste et en créateur; la crème de la crème de l'Angleterre asiatique ne lui avait fourni que le mouvement général et la couleur de son œuvre, et voilà pourquoi elle peut nous intéresser, nous Français du XXe siècle, à qui ne pourraient plaire la caricature ou la photographie du high-life du Simla d'il y a vingt ans.

ALBERT SAVINE

Janvier 1906

TROIS ET… UN EXTRA

Quand les nœuds coulants au cou et aux jambes ont glissé, ce n'est pas avec des bâtons qu'il faut entrer en chasse mais avec la provende.

(PROVERBE DU PUNJAB)

Après le mariage, il se produit une réaction, tantôt forte, tantôt faible, mais il s'en produit une tôt ou tard, et il faut que chacun des conjoints suive la marée, s'il désire que le reste de la vie se passe au gré du courant.

Dans le cas des Cusack-Bremmil, cette réaction ne se produisit que la troisième année après le mariage.

Bremmil était difficile à mener, même quand tout marchait pour le mieux, mais ce fut un mari parfait jusqu'à ce que le petit enfant mourut et que mistress Bremmil se couvrit de noir, maigrit, et s'endeuilla comme si le fond de l'univers s'était dessoudé.

Peut-être Bremmil eût-il dû la consoler. Il essaya, je crois, de le faire, mais, plus il prodiguait les consolations à mistress Bremmil, plus elle se désolait, et par conséquent plus Bremmil se sentait malheureux.

Le fait est qu'ils avaient besoin d'un tonique. Et ils l'eurent.

Mistress Bremmil peut en rire aujourd'hui, mais à cette époque-là la chose n'avait rien de risible pour elle.

Voyez-vous, mistress Hauksbee apparut à l'horizon, et partout où elle paraissait, il y avait des chances d'orage. A Simla, on l'avait surnommée le pétrel des tempêtes.

A ma connaissance, elle avait mérité cinq fois cette désignation.

C'était une petite femme brune, mince, décharnée même, avec de grands yeux mobiles, nuancés en bleu de violette, et les manières les plus douces du monde.

Il vous suffisait de prononcer son nom aux thés de l'après-midi pour que chacune des femmes qui se trouvaient présentes se redressât et déclarât que cette personne-là n'était point… une bénédiction.

Elle était intelligente, spirituelle, brillante, à un degré qu'atteignent rarement ses pareilles, mais elle était possédée par nombre de diables malicieux et méchants.

Elle était pourtant capable de gentillesse à l'occasion, même envers son propre sexe.

Mais cela, c'est toute une autre histoire.

Bremmil prit le large après la mort de l'enfant et le découragement complet qui en fut la suite, et mistress Hauksbee lui passa ses chaînes au cou.

Il ne lui plaisait aucunement de cacher ses prisonniers.

Elle l'enchaîna publiquement, elle s'arrangea en sorte que le public le vît.

Bremmil faisait des promenades à cheval avec elle, des promenades à pied avec elle; il s'entretenait en tête-à-tête avec elle; il déjeunait sur l'herbe avec elle; il goûtait avec elle chez Peliti, si bien qu'à la fin les gens froncèrent le sourcil et s'en scandalisèrent.

Mistress Bremmil restait chez elle, tournant et retournant les vêtements de l'enfant défunt et pleurant sur le berceau vide. Elle était indifférente à tout le reste.

Mais quelques dames de ses amies, sept ou huit, très bonnes, pleines d'excellentes intentions, lui expliquèrent la situation bien en détail, de peur qu'elle n'en appréciât point tout le charme.

Mistress Bremmil les laissa dire tranquillement et les remercia de leurs bons offices.

Elle n'était pas aussi futée que mistress Hauksbee, mais elle n'était point une sotte.

Elle n'en fit qu'à sa tête. Elle ne dit pas un mot à Bremmil de ce qu'elle avait appris.

Cela vaut la peine d'être remarqué.

Parler à un mari, ou lui faire une scène de larmes, n'a jamais abouti à rien de bon.

Aux rares heures où Bremmil était à la maison, il se montrait plus affectueux que de coutume, et cela laissait voir son jeu. Il se contraignait à ces démonstrations, en partie pour apaiser sa propre conscience, en partie pour adoucir mistress Bremmil. Des deux côtés, il ne réussissait point.

Alors l'aide de camp de service reçut de Leurs Excellences lord et lady Lytton l'ordre d'inviter Mr et Mistress Cusack-Bremmil à Peterhoff pour le 26 juillet, à neuf heures et demie du soir. Au coin de l'invitation, à gauche, était inscrite cette mention: «On dansera.»

—Je n'irai pas, dit mistress Bremmil, il y a trop peu de temps que cette pauvre petite Florie... Mais il ne faut pas que cela vous retienne, Tom.

Elle disait bien ce qu'elle voulait dire alors.

Bremmil déclara qu'il se contenterait d'y faire une courte apparition. Sur ce point il disait ce qui n'était point, et mistress Bremmil le savait.

Elle devinait—une intuition de femme est toujours bien plus exacte qu'une certitude d'homme—qu'il avait eu, dès le premier moment, l'intention d'y aller, et cela avec mistress Hauksbee.

Elle se mit à réfléchir.

Le résultat de ses réflexions fut que le souvenir d'un enfant mort n'a pas le prix de l'affection d'un mari vivant.

Elle fit son plan et joua le tout pour le tout.

En cette heure-là, elle comprit qu'elle connaissait à fond Tom Bremmil et elle agit d'après cette conviction.

—Tom, dit-elle, je dînerai chez les Longmore le soir du 26. Vous ferez mieux de dîner au Club.

Cela dispensa Bremmil de chercher une excuse pour s'esquiver et dîner avec mistress Hauksbee. Aussi lui en sut-il bon gré et se sentit-il à la fois mesquin et petit, ce qui lui fut salutaire.

Bremmil sortit vers cinq heures pour faire une promenade à cheval.

Vers cinq heures et demie du soir, une grande malle couverte en cuir arriva de chez Phelps pour mistress Bremmil.

C'était une femme qui savait s'habiller. Elle n'avait point passé une semaine à dessiner cette toilette, et à la faire piquer, pincer, retoucher, arranger, rucher, et que sais-je encore, tout cela pour rien.

C'était une toilette magnifique de demi-deuil. Je ne saurais la décrire, mais c'était ce que le journal *The Queen* appelle une création, une chose qui vous tape tout droit entre les yeux et vous rend tout ébahi.

Elle n'avait pas beaucoup le cœur à ce qu'elle était en train de faire, mais un coup d'œil donné dans sa psyché lui donna la satisfaction de savoir qu'elle n'avait jamais été mieux en sa vie.

C'était une grande blonde, et quand elle le voulait, elle avait un port superbe.

Après le dîner chez les Longmore, elle se rendit au bal un peu tard, et y rencontra Bremmil, qui donnait le bras à mistress Hauksbee.

Cette vue fit affluer le sang à ses joues et comme les hommes s'empressaient autour d'elle pour l'inviter à danser, elle était vraiment magnifiquement belle. Elle inscrivit un engagement pour toutes les danses, excepté trois, qu'elle laissa en blanc sur son carnet.

Mistress Hauksbee surprit un coup d'œil qu'elle lui lançait, et elle comprit que c'était la guerre—une véritable guerre entre elles deux.

Elle entrait en lutte handicapée, car elle s'était montrée un peu trop exigeante, pas beaucoup, très peu, mais enfin un peu trop, avec Bremmil, et il commençait à juger cela mauvais.

En outre, il n'avait jamais trouvé sa femme si charmante.

Il la contemplait béatement du seuil des portes, la foudroyait de ses gros yeux quand elle passait devant lui avec ses cavaliers, et plus il la regardait, plus il était pris.

Il ne pouvait se persuader que c'était bien la même femme aux yeux rouges, à la robe d'étoffe noire qui pleurait dans ses œufs à la coque à déjeuner.

Mistress Hauksbee fit de son mieux pour le piquer au jeu, mais, après deux danses, il traversa le salon pour aller retrouver sa femme et l'inviter.

—Je crains bien que vous ne veniez trop tard, *Monsieur* Bremmil, lui dit-elle en clignant des yeux.

Alors il la pria de lui accorder une danse, et elle lui fit la grande faveur de lui réserver la cinquième valse.

Ils la dansèrent ensemble, ce qui produisit un petit brouhaha dans la salle.

Bremmil se doutait un peu que sa femme savait danser, mais il n'aurait jamais cru qu'elle dansait ainsi, divinement.

La valse finie, il en demanda une autre—comme une faveur, non comme un droit—et mistress Bremmil lui dit:

—Montrez-moi votre programme, mon cher.

Il le lui tendit, comme un écolier désobéissant livre à un maître les pâtisseries défendues. Il y avait çà et là bon nombre d'*H*, sans parler d'une *H* au souper.

Mistress Bremmil ne dit rien, mais elle sourit avec dédain. Elle raya de son crayon les numéros 7 et 9 réservés à des *H*, et rendit la carte avec son nom écrit au-dessus, un petit nom d'amitié, dont elle et son mari se servaient seuls.

Puis elle le menaça du doigt, et en riant:

—Ah! sot que vous êtes, petit sot! fit-elle.

Mistress Hauksbee entendit cela, et—ainsi qu'elle en convint—elle sentit qu'elle avait le dessous.

Bremmil accepta avec reconnaissance les numéros 7 et 9.

Ils dansèrent le numéro 7 et passèrent le numéro 9 sous une des petites tentes. Ce que dit Bremmil et ce que fit mistress Bremmil ne regarde personne.

Quand l'orchestre attaqua: «*Le Roastbeef d'Old England*», tous deux sortirent sur la vérandah et Bremmil se mit en quête d'un dandy[3] pour sa femme (c'était avant le règne du rickshaw[4]), pendant qu'elle était au vestiaire.

[3] Pousse-pousse hindou.

[4] La jinrikisha japonaise.

Mistress Hauksbee parut et lui dit:

—Monsieur Bremmil, vous me conduirez à table pour le souper, je pense?

Bremmil rougit et eut l'air tout décontenancé:

—Ah! Hum! fit-il, je rentre à la maison avec ma femme; je crois qu'il y a eu un petit malentendu.

Étant homme, il parlait comme si mistress Hauksbee en était uniquement responsable.

Mistress Bremmil sortit du vestiaire enveloppée d'une sortie de bal en cygne qui formait «nuage» blanc autour de sa tête.

Elle semblait radieuse, et elle en avait bien le droit.

Le couple disparut dans l'obscurité.

Bremmil à cheval serrait de très près le dandy.

Alors mistress Hauksbee, qui avait l'air un peu fanée et vannée à la lumière des lampes, me dit:

—Vous pouvez m'en croire; la femme la plus sotte peut mener un homme intelligent; mais il faut qu'une femme soit bien adroite pour mener un imbécile.

Et sur ce propos, nous allâmes souper.

LANCÉ A L'AVENTURE

Et quelques-uns boudent, pendant que d'autres veulent plonger. (Voyons, tenez ferme! Restez donc tranquille, vous!) Quelques-uns de vous doivent se montrer doux, et d'autres doivent porter des coups. (Là, là! Voyons? qui est-ce qui vous parle de vous tuer?) Quelques-uns,—il y a du déchet dans toute profession,—auront le cœur brisé avant de recevoir la mort et d'être domptés, et se démèneront comme des diables sous la morsure de la corde serrée, et mourront fous de rage muette dans la cour du manège.

(CHŒUR DANS L'ENCLOS-
TOOLUNGALA)

Élever un jeune garçon «dans du coton», comme disent les familles, n'est point prudent, si le garçon doit se lancer dans le monde et y jouer des coudes. A moins d'être une exception extrêmement rare, il lui faudra certainement subir bien des crises possibles à éviter, et chose fort probable, endurer d'atroces souffrances simplement par ignorance des proportions réelles des choses.

Laissez un petit chien manger le savon dans la salle de bain ou ronger une botte qui vient d'être cirée. Il continue à en mâcher, à en ronger jusqu'au jour où il s'aperçoit que le cirage et le savon de Windsor d'Old Brown le rendent très malade. De là il conclut que le savon et les bottes ne valent rien pour la santé.

Le vieux chien de la maison lui apprendra bientôt qu'il est imprudent de mordre les oreilles des vieux chiens.

Étant jeune, il garde la mémoire de cet enseignement et, âgé de six mois, il part à travers le monde, en petite bête bien élevée, dont l'appétit est discipliné.

S'il avait été tenu à distance des bottes, du savon et des oreilles des gros chiens, puis parvenu au terme de sa croissance, avec toute sa dentition, s'il se trouvait brusquement en contact avec cette redoutable trinité, jugez s'il serait cruellement malade, et s'il recevrait des rossées.

Appliquez ces principes au système de l'éducation «dans du coton», et voyez ce qui en résulte.

Cela ne sonne pas bien à l'oreille, mais de deux maux c'est le moindre.

Il y avait une fois un petit garçon qui avait été élevé selon le système du «coton»; ce système lui coûta la vie.

Il avait passé toutes ses journées avec sa famille, depuis l'heure de sa naissance jusqu'à celle où il alla à Sandhurst se classer presque en tête de liste. Il avait été admirablement formé par un précepteur particulier dans tous les exercices au moyen desquels on gagne des bons points, et il avait encore le mérite spécial de «n'avoir jamais causé une heure d'inquiétude à sa famille».

Ce qu'il apprit à Sandhurst en dehors de la routine ordinaire ne vaut pas qu'on en parle. Il regarda autour de lui, et trouva, si l'on peut s'exprimer ainsi, très bon goût au savon et au cirage. Il en tâta un peu, et quitta Sandhurst la tête moins haute qu'il n'y était entré. Alors il y eut une pause, et une scène avec sa famille, qui attendait beaucoup de lui. Puis ce fut un an de vie «loin des souillures du monde» dans un bataillon du dépôt de troisième classe, où tous les jeunes étaient des enfants, tous les anciens, de vieilles femmes. Enfin il partit pour l'Inde, où il se vit privé du soutien de ses parents, et n'eut, en temps de difficultés, d'autre personne sur qui il pût compter, que lui-même.

Or l'Inde est, par-dessus tout, le pays où il ne faut pas prendre les choses trop au sérieux, sauf quand il s'agit du soleil de midi.

Un travail exagéré, une énergie trop grande tuent un homme aussi sûrement que les excès du vice ou ceux de la boisson. Quant au flirt, il n'importe guère: tout le monde ne doit-il pas un jour ou l'autre être déplacé; dès lors *vous* ou *elle* quitterez la station, et n'y reviendrez jamais.

Le travail bien fait ne tire pas non plus à conséquence, parce qu'on mesure un homme d'après ce qu'il peut faire le plus mal, et que s'il faisait mieux, ce serait en général un autre qui en aurait tout l'avantage. Mal travailler n'importe guère, parce que d'autres font plus mal encore et que l'Inde est plus encombrée d'incapables que tout autre pays.

Les amusements n'ont aucune importance, parce qu'ils recommencent aussitôt après que vous les avez terminés, et que la plupart du temps, s'amuser signifie essayer de gagner l'argent d'autrui.

La maladie n'a aucune importance, parce qu'elle est pain quotidien, et que si vous mourez, un autre prend votre place dans les huit heures qui s'écoulent entre votre mort et votre enterrement.

Rien n'a d'importance que les congés à passer au pays, et les soldes sur le pied d'activité, parce que les uns et les autres sont rares.

C'est le pays de la négligence, le pays *Koucha*, où tout le monde travaille avec des outils imparfaits. Le parti le plus sage est de ne prendre au sérieux ni personnes, ni choses, et de s'en évader, aussitôt qu'on peut, dans un endroit où l'amusement est un amusement et où il vaille la peine de se faire une réputation.

Mais ce Jeune Garçon,—l'histoire est aussi vieille que les collines,—ainsi expatrié, prit tout au sérieux.

Il était gentil; il fut choyé.

Il prit au sérieux ces gâteries, et se fit bien du mauvais sang pour des femmes qui ne méritaient pas qu'on sellât un poney pour aller leur rendre visite.

Il trouva beaucoup de charme à la libre vie qu'il goûtait dans l'Inde pour la première fois. Elle paraît attrayante dans le commencement, à celui qui juge les choses en officier subalterne,—ne voit que poneys, camarades de jeu, danses, et le reste. Il en tâta comme les petits chiens goûtent au savon: seulement il en goûta sur le tard et alors que sa dentition était complète.

Il n'eut pas l'instinct de l'équilibre, tout comme le petit chien, et ne put comprendre pourquoi il n'était pas traité avec autant d'égards que sous le toit paternel.

Cela heurtait ses sentiments.

Il se prit de querelle avec d'autres garçons, et étant sensible jusqu'à la moelle, il garda rancune de ces querelles, il se piqua au jeu.

Il trouva du plaisir au whist, aux gymkhanas, et aux autres choses de cette sorte, inventées pour se distraire après les heures de travail, mais il les prit aussi au sérieux, tout comme il l'avait fait pour prendre le panache, après boire.

Le whist et les gymkhanas lui firent perdre de l'argent parce que tout cela était nouveau pour lui.

Il prit au sérieux ses pertes, et mit tout autant d'énergie et d'application à une course dont l'enjeu était deux mohurs d'or[5] sur des poneys *ekka* débutants, aux crinières tressées, que s'il se fût agi du Derby. Cela était dû moitié à l'inexpérience—de même que le petit chien se querelle avec le coin de carpette du foyer—et moitié à l'étourdissement que lui causait le passage d'une vie tranquille, au grand jour et au mouvement d'une vie plus animée. Personne ne lui parla du savon et du cirage, parce que la plupart des hommes tient pour certain qu'un homme d'intelligence moyenne s'en défie suffisamment. Il était vraiment pénible de voir le Jeune Garçon s'en aller par morceaux à chaque heurt, comme un poulain trop tenu en main, qui tombe et se couronne quand il échappe au valet d'écurie.

[5] Roupies.

Cette licence sans frein dans les amusements qui ne valent pas la peine qu'on sorte des rangs pour y goûter, et à plus forte raison qu'on y coure en bousculant tout le monde, dura six mois c'est-à-dire tout le temps de la saison froide.

Alors nous pûmes croire que la chaleur, la conscience d'avoir perdu son argent et estropié ses chevaux calmeraient le Jeune Garçon, et qu'il prendrait de l'aplomb.

C'est ce qui fût arrivé dans quatre-vingt-dix-neuf cas sur cent. Vous voyez cela se produire dans toutes les stations de l'Inde.

Mais ce cas particulier fut une exception parce que le Jeune Garçon était sensible, et prenait les choses au sérieux, ainsi que j'ai dû déjà le répéter au moins sept fois.

Certes, nous ne saurions dire quelle impression ses excès faisaient sur lui-même. Ils n'avaient rien qui fût de nature à briser le cœur, rien qui dépassât la moyenne.

Il pouvait être financièrement ficelé pour toute sa vie; il pouvait avoir besoin de quelques soins. Un jour de chaleur aurait brûlé le souvenir de ses exploits. Un prêteur aurait pu l'aider à se remettre à flot et à sortir des ennuis d'argent. Mais il dut se placer à un point de vue tout différent, et se croire ruiné sans aucun espoir de relèvement.

Son colonel l'admonesta sévèrement quand le temps froid fut passé.

Cela le rendit plus malheureux que jamais, et pourtant le colonel lui avait «lavé la tête» comme à tout le monde, sans plus.

Ce qui se passa ensuite est un exemple curieux de la façon dont nous tenons les uns aux autres, et sommes rendus responsables des actes d'autrui.

La chose qui fit brutalement entrer la poutre dans l'esprit du Jeune Garçon, ce fut une remarque d'une femme pendant qu'il causait avec elle.

Il ne servirait de rien de la reproduire, car c'était une cruelle petite phrase, décochée avant qu'elle y eût songé, et qui le fit rougir jusqu'à la racine des cheveux.

Il la garda sur le cœur pendant trois jours; puis il demanda deux jours de congé pour aller chasser aux environs d'une résidence de villégiature de l'ingénieur du canal, à environ trente milles de là.

Il obtint son congé, et ce soir-là, au mess, il fut plus bruyant, plus encombrant que jamais. Il dit qu'il allait tirer «de gros gibier» et partit à dix heures et demie dans une *ekka*[6].

[6] Voiture légère indigène.

La perdrix,—unique gibier qui se rencontrait aux abords de la villégiature en question,—n'était pas du gros gibier, de sorte que tout le monde riait de sa gasconnade.

Le lendemain, un des majors rentra de congé, et apprit que le Jeune Garçon était parti «pour tirer du gros gibier».

Le major s'intéressait quelque peu au Jeune Garçon et avait fait quelques tentatives pour l'enrayer au temps froid. Le major fit les gros yeux, quand il apprit l'expédition, et il se rendit dans les chambres du Jeune Garçon, et y fureta.

Au bout d'un instant, il sortit et me rencontra au moment où je quittais le jeu au mess.

Il n'y avait personne dans le vestibule.

—Le Jeune Garçon est parti à la chasse, me dit-il. Est-ce qu'on peut tuer des *tétur*[7] avec un revolver et un encrier?

[7] Des perdrix.

—C'est absurde, major, répondis-je, car je voyais ce qu'il avait dans l'esprit.

—Absurde ou non, reprit-il, je vais au canal maintenant, tout de suite. Je me sens inquiet.

Il réfléchit une minute et reprit:

—Savez-vous mentir?

—Vous vous en doutez un peu. C'est mon métier.

—Très bien, conclut le major. Alors vous allez partir avec moi, maintenant… tout de suite, dans une *ekka* du côté du canal, pour tirer le daim noir. Allez vite endosser votre shikar-kit[8], vite… et revenez avec un fusil.

[8] Costume de chasse.

Le major était un maître homme, et je savais qu'il ne donnait pas d'ordres sans motif.

Aussi j'obéis.

A mon retour je trouvai le major installé dans une *ekka*, des étuis à fusil et des vivres suspendus dans les filets, tout prêt pour une excursion de chasse.

Il renvoya le conducteur et se chargea de conduire lui-même. Nous cahotâmes, sans nous presser, tant qu'on fut dans la station, mais dès que nous eûmes atteint la route poussiéreuse qui traversait la plaine, il fit voler le poney.

Un animal du pays peut faire n'importe quoi en cas d'urgence. Nous couvrîmes nos trente milles en trois heures, mais la pauvre bête était presque morte.

Une fois, je dis:

—Mais, major, pourquoi cette hâte vertigineuse?

Il répliqua d'un ton calme:

—Le Jeune Garçon est seul, en tête à tête avec lui-même depuis… une, deux… cinq… quatorze heures, maintenant. Je vous le répète, je ne suis pas tranquille.

Cette inquiétude me gagna, et moi aussi je me mis à fouetter le poney.

Quand nous arrivâmes à la maison des champs de l'ingénieur du canal, le major héla le domestique du Jeune Garçon, mais sans obtenir de réponse. Alors nous approchâmes, et nous appelâmes le Jeune Garçon par son nom.

Toujours pas de réponse.

—Oh! il est parti à la chasse, fis-je.

Juste alors, je vis par une des fenêtres une petite lampe de jardin qui brûlait.

Il était quatre heures de l'après-midi.

Tous deux nous nous arrêtâmes court sous la vérandah, retenant notre souffle pour ne pas perdre le moindre bruit, et nous entendîmes dans l'intérieur de la pièce les *brr-brr-brr* d'une multitude de mouches.

Le major ne dit mot, mais il enleva son casque, et nous entrâmes.

Le Jeune Garçon gisait sur le *cadre* au milieu de la chambre nue et badigeonnée à la chaux. Le coup de revolver lui avait fracassé la tête. Les étuis des fusils n'étaient pas ouverts, le matériel de campement pas déployé et sur la table se trouvait le buvard du Jeune Garçon, avec des photographies. Il était allé très loin pour mourir, comme un rat empoisonné.

Le major murmura tout doucement:

—Pauvre garçon! pauvre, pauvre diable!

Puis il se détourna du lit:

—J'ai besoin de votre aide dans cette affaire, me dit-il.

Comme je voyais que le Jeune Garçon s'était suicidé, je me doutais fort bien de quelle sorte d'aide il s'agissait, de sorte que je m'installai devant la table, allumai un cigare, et me mis à fouiller dans le buvard, pendant que le major regardait par-dessus mon épaule et répétait à part lui:

—Nous sommes arrivés trop tard... comme un rat dans un trou... Pauvre diable! pauvre diable!

Le Jeune Garçon avait dû passer la moitié de la nuit à écrire à sa famille, à son colonel, à une jeune fille de son pays, et aussitôt qu'il avait fini d'écrire, il s'était fait sauter la cervelle, car il était mort depuis longtemps quand nous étions arrivés.

Je lus tout ce qu'il avait écrit, et à mesure que j'avais fini une feuille, je la faisais passer au major.

Nous vîmes, d'après son récit, combien il avait pris au sérieux toutes sortes de choses. Il y était question d'«un déshonneur qu'il n'était pas capable de supporter», «d'une honte ineffaçable, d'une folie criminelle», «d'une vie gaspillée», etc.

Puis c'étaient des choses particulières qu'il disait à son père, à sa mère; ça n'en finissait pas; c'est trop sacré pour qu'on l'imprime.

La lettre à la jeune fille de son pays était le morceau le plus touchant.

En la lisant, j'eus la gorge serrée. Le major ne fit nul effort pour rester les yeux secs.

Cela m'inspira du respect pour lui.

Il lut, il se balança de côté et d'autre, il pleura comme une femme, simplement, sans chercher à s'en cacher.

Les lettres étaient bien terribles, bien désespérées, bien touchantes. Nous oubliâmes toutes les sottises du Jeune Garçon, et nous ne pensâmes plus qu'à la pauvre chose qui gisait sur le *cadre* et aux feuilles couvertes d'écriture que nous avions dans les mains. Il était absolument impossible de laisser des lettres comme celles-là arriver à leur adresse. Elles auraient brisé le cœur de son père, et auraient tué sa mère en tuant la foi qu'elle avait en son fils.

Enfin, le major sécha ses yeux, toujours franchement, et dit:

—Voilà des choses bien commodes à jeter à la tête d'une famille anglaise! Qu'allons-nous faire?

Sachant pourquoi le major m'avait emmené, je répondis:

—Le Jeune Garçon est mort du choléra. Nous étions ici à ses derniers moments. Nous ne nous en tirerons pas par des demi-mesures... Allons-y.

Alors commença une des scènes les plus terriblement comiques auxquelles il me soit arrivé de prendre part.

Il s'agissait de fabriquer un gros mensonge par écrit, confirmé par des preuves, pour consoler les parents que le Jeune Garçon avait au pays.

Je commençai par rédiger un brouillon, où le major semait çà et là des indications, tout en rassemblant les pages écrites par le Jeune Garçon et les brûlant dans l'âtre.

Ce fut par une soirée chaude et tranquille que nous nous mîmes à l'œuvre, et la lampe brûlait très mal.

En y mettant le temps, je bâtis un canevas satisfaisant, où je déclarais que le Jeune Garçon était un modèle de toutes les vertus, chéri du régiment, et promettant à tous les points de vue de faire brillamment son chemin, et ainsi de suite; et je disais comme quoi nous l'avions soigné pendant sa maladie— ce n'était pas l'heure des petits mensonges, vous comprenez,—et comme quoi il était mort sans souffrance.

J'avais la gorge serrée pendant que j'écrivais ces choses-là, et que je pensais aux pauvres parents qui les liraient. Puis je me mis à rire de l'allure grotesque que prenait l'affaire... et le major dit que nous avions besoin de boire quelque chose.

Je n'ose dire la quantité de whiskey que nous bûmes, avant que la lettre fût finie. Ce whiskey ne nous produisit pas le moindre effet. Puis nous prîmes la montre, le médaillon et les bagues du Jeune Garçon.

Enfin le major dit:

—Il faut que nous envoyions une mèche de cheveux. C'est une chose à laquelle tient une femme.

Mais il nous fut impossible de couper une mèche de cheveux qui pût être envoyée. Le Jeune Garçon avait les cheveux noirs: heureusement le major les avait noirs, lui aussi. Je coupai avec un canif une mèche des cheveux du major au-dessus de la tempe, et je la mis dans le paquet que nous fîmes.

Les éclats de rire et la sensation d'étranglement me reprirent, et je fus forcé de m'arrêter. Le major n'était guère plus maître de lui-même, et nous savions qu'il nous restait la partie la plus terrible de la besogne.

Nous mîmes sous enveloppe le paquet: photographies, médaillon, anneau et boucle de cheveux, et nous cachetâmes avec la cire à cacheter et le cachet du Jeune Garçon.

Alors le major dit:

—Grand Dieu, allons dehors—hors de cette chambre—et réfléchissons.

Nous sortîmes, pour nous promener une heure sur les bords du canal, manger et boire ce que nous avions apporté, jusqu'à ce que la lune se levât.

Je sais maintenant au juste quelles sont les sensations d'un assassin.

Finalement, avec un grand effort nous parvînmes à rentrer dans la chambre où se trouvait l'autre chose avec la lampe, et nous nous mîmes à la besogne qui nous restait à accomplir.

Je ne veux rien écrire à ce sujet: ce fut trop horrible.

Nous brûlâmes la literie et jetâmes les cendres dans le canal, nous enlevâmes les nattes de la pièce pour les traiter de la même façon.

Je me rendis à un village et j'empruntai deux grandes pioches,—car je ne voulais pas recourir à l'aide des paysans,—tandis que le major se chargeait… du reste.

Il nous fallut quatre heures de travail acharné pour creuser la fosse.

Tout en travaillant, nous discutâmes sur le point de savoir si nous ferions bien de dire tout ce qui nous restait de l'office des morts dans la mémoire. Nous arrangeâmes la chose en récitant l'Oraison dominicale et y ajoutant une prière personnelle qui n'avait rien de rituel pour le repos de l'âme du Jeune Garçon.

Ensuite nous comblâmes la fosse, et nous allâmes sous la vérandah, pas dans la maison, nous livrer au sommeil.
Nous étions à demi morts de fatigue.
Quand nous nous réveillâmes, le major dit gravement:
—Nous ne pouvons pas nous en retourner avant demain. Il faut que nous lui laissions le temps de mourir. Il est mort ce matin, de très bonne heure, souvenez-vous-en. Cela aura l'air plus naturel.
Donc le major était resté éveillé toute la nuit, à réfléchir.
Il dit:
—Pourquoi n'avons-nous pas rapporté le corps aux cantonnements?
Le major réfléchit une minute.
—C'est parce que les paysans auront pris la fuite, dès qu'ils ont entendu parler de choléra. En outre l'*ekka* nous a lâchés.
Cela, c'était littéralement vrai. Nous avions entièrement oublié le poney de l'*ekka*, et il était retourné à son écurie.
Nous passâmes donc seuls cette longue journée de chaleur étouffante dans la maison de repos du canal, à examiner et retoucher notre histoire de la mort du Jeune Garçon, pour en voir les points faibles.

Un indigène parut dans l'après-midi, mais nous dîmes qu'un Sahib était mort du choléra, et il se sauva.

Quand vint l'obscurité, le major me raconta toutes ses craintes au sujet du Jeune Garçon, puis des histoires de suicides accomplis ou près de l'être, à faire dresser les cheveux.

Il dit qu'il était jadis descendu, tout comme le Jeune Garçon, dans cette vallée de l'ombre, quand il était jeune et arrivé depuis peu en ce pays, qu'il comprenait bien comment les idées s'étaient livré bataille dans la tête bouleversée du Jeune Garçon. Il dit aussi comment les néophytes, dans leurs moments de repentir, croient leurs péchés bien plus graves, bien plus difficiles à effacer qu'ils ne le sont en réalité.

Nous causâmes pendant toute la soirée, et nous répétâmes l'histoire de la mort du Jeune Garçon.

Dès que la lune fut levée, et que le Jeune Garçon *fut enseveli* conformément à notre version, nous nous mîmes en route à travers champs pour regagner la station.

Nous marchâmes de huit heures du soir à six heures du matin, mais bien que nous fussions rompus de fatigue, nous ne manquâmes pas de nous rendre dans le logement du Jeune Garçon et de remettre dans l'étui le revolver, avec le nombre réglementaire de cartouches. Et nous replaçâmes aussi sur la table sa papeterie portative.

Nous allâmes trouver le colonel pour lui annoncer ce décès, éprouvant de plus en plus les sensations des assassins. Puis, nous allâmes nous coucher, et nous dormîmes pendant tout un tour de cadran, car nous étions réellement à bout de force.

Le conte trouva créance aussi longtemps qu'il le fallait, car quinze jours plus tard tout le monde avait oublié le Jeune Garçon et ce qui le concernait.

Néanmoins, il se trouva bien des gens qui eurent le temps de dire que le major s'était scandaleusement conduit en ne rapportant pas le corps pour des funérailles régimentaires.

Dans tout cela, ce qu'il y eut de plus triste, ce fut la lettre que la mère du Jeune Garçon nous écrivit au major et à moi, avec de grandes taches, qui avaient délayé l'encre, semées sur le papier. Elle nous écrivait les choses les plus reconnaissantes possibles au sujet de notre grande bonté, et de l'obligation qu'elle nous aurait toute sa vie.

Toutes choses considérées, elle nous devait bien quelque chose, mais non point au sens où elle l'entendait.

LE SAÏS DE MISS YOUGHAL

Quand homme et femme s'entendent, que peut faire le Kazi?

(PROVERBE MAHOMÉTAN)

Certaines gens disent qu'il n'y a pas de roman dans l'Inde.

Ces gens-là se trompent.

Nos existences contiennent du roman autant qu'il nous en faut. Parfois davantage.

Strickland faisait partie du corps de police, et personne ne le comprenait. Aussi disait-on que c'était une étrange sorte d'homme et s'écartait-on de lui.

Strickland ne pouvait se prendre de cela qu'à lui-même.

Il professait cette théorie extraordinaire que dans l'Inde un policeman doit en savoir sur les indigènes autant qu'en savent ceux-ci. Or, dans toute l'étendue de l'Inde supérieure, il n'y a qu'*un* homme qui puisse à son gré se faire prendre pour un Hindou ou un Mahométan, pour un *chamar* ou un *fakir*. Il est un objet de crainte et de respect pour les indigènes depuis le Ghor Kathri jusqu'au Jamma Musjid. Il passe pour posséder le pouvoir de se rendre invisible, et de faire exécuter ses ordres par un grand nombre de diables. Mais cela lui a-t-il valu quelque faveur du gouvernement? Pas le moins du monde. Il n'a jamais obtenu le poste de Simla, et son nom est presque inconnu des Européens.

Strickland eut la sottise de prendre cet homme pour modèle. Se conformant à son absurde théorie, il pataugea dans des endroits peu parfumés où nul homme qui se respecte ne songerait à porter ses explorations, et tout cela en pleine fripouille indigène. Il se fit à lui-même une éducation qui prit sept ans, et il n'en fut pas plus apprécié pour cela.

Il partait continuellement en *fantee* au milieu des indigènes, ce qui naturellement n'inspire aucune confiance à un homme qui a son bon sens.

Il fut bientôt initié au Sat Bhai, à Allahabad, où il était en congé. Il apprit le chant du lézard des Sansis, ainsi que la danse du Hálli-Hukk, qui est un cancan religieux de l'espèce la plus étonnante. Quand un homme a appris à danser le Hálli-Hukk, et qu'il sait comment, quand, et en quel endroit cela se danse, il sait quelque chose dont il a le droit d'être fier. Il a pénétré le caractère hindou plus avant que la peau.

Mais Strickland n'est point fier, bien qu'une fois, à Jagadhri, il ait aidé à peindre le taureau de la mort, chose qu'un Anglais n'oserait jamais regarder.

Il a appris à fond l'argot des voleurs et des *chángars*. Il a pris à lui seul un voleur de chevaux d'Eusufzai près d'Attock. Il s'est tenu debout sous la chaire d'une mosquée de la frontière, et a présidé à l'office comme l'eût fait un mollah sunnite.

Son tour de force le plus extraordinaire, ce fut de passer onze jours chez un fakir, dans les jardins de Baba-Atal, à Amritsar, et d'y réunir les fils qui devaient conduire à découvrir l'assassin dans la grande affaire de Nasiban. Mais on se dit, non sans raison: «Pourquoi donc Strickland ne reste-t-il pas dans son bureau, à rédiger son journal, à faire des recrues, et ne se tient-il pas tranquille au lieu de démontrer l'incapacité de ses supérieurs?» Aussi l'affaire du meurtre de Nasiban ne lui valut-elle point une bonne note au département?

Mais après sa première crise de rage, il en revint à sa manie naturelle de mettre le nez dans la manière de vivre des indigènes.

Disons en passant, que quand un homme prend goût à cet amusement, cela lui reste pour toute sa vie. C'est la chose la plus attrayante du monde, sans même excepter l'amour.

De même que les autres hommes demandaient dix jours de congé qu'ils passent sur les collines, Strickland demandait une permission pour ce qu'il appelait un shikar (une chasse). Il revêtait le déguisement qui lui semblait approprié à la circonstance, s'enfonçait dans la multitude des peaux brunes, et y disparaissait quelque temps.

C'était un homme encore jeune, d'allure tranquille, de teint foncé, maigre, avec des yeux noirs, un très agréable compagnon quand il ne pensait point à autre chose. C'était un régal que d'entendre Strickland parler de la civilisation des indigènes telle qu'il l'avait vue.

Les indigènes haïssaient Strickland, mais ils avaient peur de lui.

Il en savait trop long.

Quand les Youghal arrivèrent à la station, Strickland,—avec l'extrême gravité qu'il mettait en toutes choses—devint amoureux de miss Youghal, et elle s'éprit de lui, au bout de quelque temps, parce qu'il demeurait pour elle une énigme.

Alors Strickland fit sa demande aux parents, mais mistress Youghal répondit qu'elle n'entendait point marier sa fille dans l'administration la plus mal payée de l'empire. Le vieux Youghal ajouta en propres termes que les façons de Strickland ne lui inspiraient aucune confiance et qu'il lui serait bien obligé de ne plus parler ni écrire à sa fille.

—Très bien! dit Strickland, car il n'entendait point faire de son amour un lourd fardeau.

Il eut un long entretien avec miss Youghal.

Après quoi il n'ouvrit plus la bouche à ce sujet.

En avril, les Youghal se rendaient à Simla.

En juillet, Strickland se fit donner un congé de trois mois pour «affaires personnelles urgentes». Il ferma sa maison, bien que pas un indigène ne se fût pour rien au monde hasardé à porter la main sur ce qui appartenait à «Sahib Estrekin» et alla voir un de ses amis, un vieux teinturier à Tarn Taran.

Là on perdit toute trace de lui, jusqu'au jour où un *saïs*, me rencontrant sur la diligence de Simla, me remit l'extraordinaire billet que voici.

«Mon cher vieux,

«Veuillez remettre au porteur une boîte de cigares, de préférence des Supérieurs numéro 1. C'est au Club qu'on a les plus frais. Je les paierai dès que je reparaîtrai, mais pour le moment je suis en dehors de la société.

«Bien à vous. E.
STRICKLAND.»

J'en commandai deux boîtes, que je remis au *saïs* avec mes compliments.

Ce *saïs* là, c'était Strickland, et il était au service du vieux Youghal, qui avait fait de lui le palefrenier du cheval arabe de miss Youghal. Le pauvre garçon souffrait d'être privé de la fumée anglaise, et savait que, quoi qu'il arrivât, je ne laisserais pas échapper un mot, jusqu'au dénouement de l'affaire.

Un peu plus tard, miss Youghal, qui était enthousiaste de ses domestiques, se mit à parler dans toutes les maisons où elle allait de son *saïs* modèle—l'homme qui trouvait tous les matins le temps de se lever de bonne heure pour cueillir des fleurs à mettre sur la table au déjeuner, et qui cirait— au sens littéral—les sabots de son cheval comme l'eût fait un cocher anglais.

Le factotum de l'arabe de miss Youghal était une merveille, un charme. Dulloo,—c'est-à-dire Strickland, trouvait sa récompense dans les jolies choses que lui disait miss Youghal lorsqu'elle allait se promener à cheval. Ses parents étaient enchantés de voir qu'elle avait renoncé à son sot caprice pour le jeune Strickland. Ils disaient qu'elle était une bonne fille.

Strickland proclame que les deux mois qu'il passa dans la domesticité furent la plus sévère discipline mentale qu'il eût jamais reçue.

Sans compter ce petit détail que la femme d'un *saïs* de ses collègues fut férue d'amour pour lui, et tenta de l'empoisonner avec de l'arsenic parce qu'il ne voulait rien savoir d'elle, il lui fallut s'exercer à garder son calme lorsque miss Youghal allait faire une excursion à cheval en compagnie d'un homme qui cherchait à lui faire la cour, et qu'il était forcé de trotter derrière, portant la couverture et ne perdant pas un mot.

Il lui fallait encore garder son sang-froid quand il était interpellé en argot sous le porche du «Benmore» par un policeman, et particulièrement quand il était injurié par un Naik qu'il avait recruté au village d'Isser Jang, ou chose pire encore quand un jeune subalterne le qualifiait de cochon pour ne s'être pas assez hâté de lui faire place.

Mais ce genre de vie avait ses compensations. Il lui permettait d'étudier à fond les mœurs et les voleries des *saïs*; et il y en avait assez, disait-il, pour faire condamner la moitié de la population *chamar* du Punjab, s'il avait été de service. Il devint un des gros joueurs au jeu des osselets, auquel s'adonnent tous les *jhampánis*[9] et un grand nombre de *saïs* pendant qu'ils attendent, les soirs, à la porte de la maison du gouvernement ou du théâtre de la Gaîté. Il apprit à fumer du tabac composé aux trois quarts de bouse de vache, et il profita de l'expérience du Jemadar grisonnant qui était le doyen des *saïs* du gouvernement, et dont les paroles ont du prix.

[9] Porteurs de palanquin.

Il vit bien des choses qui l'amusèrent, et il déclare, sur l'honneur, que nul ne saurait avoir une idée exacte de ce que c'est que Simla, s'il ne l'a point regardée du même point de vue que les *saïs*. Il dit aussi que s'il se décidait à écrire tout ce qu'il a vu, il y a bien des endroits où on lui casserait la tête.

La description que fait Strickland de ses souffrances pendant les nuits humides, pendant qu'il entendait la musique et voyait les lumières au «Benmore», que les pieds lui démangeaient de l'envie de valser, et qu'il avait la tête emmitouflée d'une couverture de cheval, est assez amusante.

Un jour ou l'autre, Strickland écrira un petit livre sur ses aventures. Ce livre vaudra la peine d'être acheté, et même celle d'être supprimé.

Ainsi donc, il servit fidèlement, comme Jacob servit pour Rachel, et son congé touchait à son terme quand l'explosion eut lieu.

Il avait réellement fait de son mieux pour garder son sang-froid en entendant les flirtations dont j'ai parlé, mais à la fin il éclata.

Un vieux général très distingué emmena miss Youghal faire une promenade à cheval et commença cette sorte de flirtation genre: «Vous n'êtes qu'une gamine» qu'il est si difficile à une femme d'esquiver avec quelque adresse, et qu'il est si exaspérant d'entendre.

Miss Youghal tremblait de peur aux propos qu'il lui tenait à la portée de l'oreille de son saïs.

Dulloo-Strickland supporta cela aussi longtemps qu'il put. Alors il empoigna la bride du cheval du général, et s'exprimant le plus aisément du monde en anglais, il l'invita à vider la place, sinon il le jetait par-dessus le fossé.

L'instant d'après, miss Youghal pleurait, et Strickland vit qu'il avait compromis sans remède son entreprise et que tout était fini.

Le général eut presque une crise, quand miss Youghal lui raconta en entrecoupant son récit de sanglots l'histoire du déguisement et de ses fiançailles en dépit de ses parents.

Strickland pesta, et furieusement, contre lui-même, et plus encore contre le général pour lui avoir forcé la main. Il ne disait mot, mais il tirait sur la bride du cheval et se préparait à lui administrer une raclée pour se donner une force de satisfaction.

Mais quand le général eut parfaitement compris de quoi il s'agissait, quand il sut qui était Strickland, il pouffa à perdre haleine, se tordant sur sa selle, et il riait tellement qu'il fut sur le point d'en tomber. Strickland, disait-il, méritait la croix de Victoria, rien que pour avoir porté la couverture comme *saïs*.

Tantôt il s'adressa et à lui-même des gros mots, et disait qu'il méritait certainement une raclée, mais qu'il était trop vieux pour la recevoir de Strickland. Tantôt il faisait à miss Youghal des compliments sur son amoureux.

Le côté scandaleux de l'affaire ne lui apparut pas, car c'était un bon vieux fort gentil, et il avait un faible pour les flirts.

Puis il repartit d'un éclat de rire, et déclara que le père Youghal était un sot.

Strickland lâcha la bride au cheval, et insinua au général qu'il ferait mieux de lui venir en aide, puisqu'il prenait la chose ainsi. Strickland connaissait le faible de Youghal pour les gens qui ont des titres, et qui accumulent beaucoup d'abréviations honorifiques à la suite de leur nom, et qui occupent de hautes situations officielles.

—Ceci ressemble assez à un lever de rideau, dit le général, mais n'importe, je m'en mêlerai pour vous faire un succès, ne fût-ce que pour échapper à la terrible rossée que j'ai méritée. Retournez à la maison, monsieur le policeman-saïs, habillez-vous convenablement, et je prendrai d'assaut Youghal. Miss Youghal, puis-je vous demander de rentrer au petit trot, et d'attendre?

Environ sept minutes plus tard, il y avait au Club, un énorme tohu-bohu.

Un saïs, avec sa couverture, et sa corde autour de la tête demandait à tous ceux qu'il connaissait:

—Au nom du ciel, prêtez-moi des habits convenables.

Comme on ne le reconnaissait pas, il y eut quelques scènes d'un genre tout nouveau, avant que Strickland pût obtenir un bain chaud, avec de la soude, une chemise de l'un, un pantalon d'un autre, et ainsi de suite.

Il partit au galop, emportant sur soi la moitié de la garde-robe du Club, monté sur un poney qui lui était absolument inconnu, pour se rendre chez le vieux Youghal.

Le général, dans son uniforme rouge de drap fin, l'y avait précédé.

Qu'avait dit le général à Youghal, Strickland ne le sut jamais, mais Youghal reçut Strickland avec une civilité modérée, et mistress Youghal, touchée du dévouement qu'avait montré le faux Dulloo, fut extrêmement bonne.

Le général rayonnait et se frottait les mains.

Miss Youghal entra, et avant même que le père Youghal sût bien où il était, le consentement leur avait été arraché et Strickland se mettait en route pour le bureau du télégraphe, accompagné de miss Youghal, pour se faire expédier ses effets.

Le dernier de ses ennuis, ce fut quand un homme qui lui était inconnu l'aborda vivement sur le Mail, et lui réclama un poney volé.

C'est ainsi que Strickland et miss Youghal finirent par se marier, à la condition formelle que Strickland renoncerait à son ancien système, et s'en tiendrait à la routine, qui rapporte plus d'argent et vous fait plus vite envoyer à Simla.

Strickland était trop épris de sa femme pour enfreindre son vœu, mais ce fut pour lui par la suite une pénible épreuve, car les rues et les bazars, et les paroles qui s'y échangeaient, étaient pleins d'indications pour Strickland, tout cela l'invitait à faire une fugue, à reprendre ses pérégrinations et ses découvertes.

Un de ces jours, je vous apprendrai comment il manqua à sa promesse pour tirer un ami d'embarras. Mais il y a longtemps de cela, et maintenant il est presque entièrement perdu pour ce qu'il appelait la *chasse*. Il a oublié l'argot, la langue des mendiants, les marques, les signaux, la direction des courants de fond, qu'un homme doit réapprendre sans cesse, s'il veut demeurer un maître.

Mais il remplit ses feuilles statistiques en parfait administrateur.

UNIE A UN INCROYANT

Je meurs pour vous, et vous mourez pour un autre.

(Proverbe du Punjab)

Quand la locomotive de Gravesend s'éloigna du steamer de la Peninsular and Oriental pour remorquer le train à la ville, elle emporta bien des gens en pleurs. Mais aucune de ces personnes ne pleurait plus abondamment, plus sincèrement que miss Agnès Laiter.

Elle avait bien de quoi pleurer, car le seul homme qu'elle aimât au monde,—le seul qu'elle pût jamais aimer, à ce qu'elle disait—partait pour l'Inde, et comme chacun sait, l'Inde est partagée par parties égales entre la jungle, les tigres, les cobras, le choléra et les cipayes.

Phil Garron, appuyé au bastingage du flanc du steamer, sous la pluie, se sentait aussi fort malheureux, mais il ne pleurait point.

On l'envoyait s'occuper de «thé». Qu'était-ce que ce *thé*? Il n'en avait pas la moindre idée, mais il s'imaginait qu'il aurait à monter un cheval fringant pour parcourir des collines couvertes d'arbrisseaux à thé, qu'il toucherait pour cela une solde magnifique, et il savait très bon gré à son oncle de lui avoir procuré cette niche.

Il avait sincèrement l'intention de réformer ses habitudes de laisser-aller et de gaspillage. Il mettrait tous les ans de côté une grande partie de son superbe traitement, et au bout d'un temps très court, il reviendrait épouser Agnès Laiter.

Phil Garron était resté trois ans à flâner autour de son amie.

Comme il n'avait rien à faire, il ne manqua pas de devenir amoureux.

Il était fort gentil, mais il manquait de fermeté dans ses vues, dans ses opinions, dans ses principes, et bien qu'il n'allât jamais jusqu'à faire vraiment du mal, ses amis furent très contents quand il leur dit adieu et qu'il partit pour cette mystérieuse affaire de *thé*, dans les environs de Darjeeling. Ils dirent: «Que Dieu vous bénisse, mon cher garçon, et qu'on ne vous revoie jamais!»

Tout au moins c'est là ce qu'on fit entendre à Phil.

Au moment du départ, il avait en tête un grand projet pour prouver qu'il valait plusieurs centaines de fois plus qu'on ne l'évaluait: il travaillerait comme un cheval, et il épouserait Agnès Laiter.

Outre sa bonne tournure, il avait maintes autres qualités.

Son seul défaut, c'était d'être faible. Oui il l'était, si peu que ce fût.

En fait d'économie, il n'en savait pas plus que le *Morning Sun*, et cependant vous n'auriez pu mettre le doigt sur un article et dire: «En cette occasion, Phil Garron a fait preuve d'extravagance et d'étourderie.» Et vous n'auriez point trouvé en son caractère un seul vice bien défini, mais il était incomplet, et se laissait pétrir comme du mastic.

Agnès Laiter retourna, les yeux rouges, à ses devoirs d'intérieur,—la famille désapprouvait cet engagement,—pendant que Phil faisait voile pour Darjeeling, «port situé sur l'Océan du Bengale» ainsi que sa mère se plaisait à le dire à ses amis.

Il était fort bien vu à bord, il lia beaucoup de relations, ne fit qu'une note de boissons assez modérée, et envoya de chaque port de relâche d'énormes lettres à Agnès Laiter.

Puis il se mit à l'œuvre sur la plantation, située quelque part entre Darjeeling et Kangra.

Bien que le salaire et le cheval ne fussent pas tout à fait ce qu'il avait rêvé, il réussit fort passablement, et s'accorda beaucoup plus d'éloges qu'il n'en méritait pour sa persévérance.

Avec le temps, à mesure qu'il se faisait à son collier et que la tâche prenait un contour plus précis à ses yeux, la figure d'Agnès Laiter s'effaçait de son esprit, et n'y reparaissait que quand il était de loisir, c'est-à-dire rarement. Il oubliait tout ce qui concernait la jeune fille pendant une quinzaine, puis le souvenir revenant tout à coup, il sursautait comme un écolier qui n'a pas songé à apprendre sa leçon.

Elle n'oubliait point Phil, car elle était de cette sorte de femmes qui n'oublient jamais.

Seulement, un autre,—un jeune homme qui eût été un bien meilleur parti,—se présenta à mistress Laiter.

La probabilité d'un mariage avec Phil était aussi lointaine que jamais. Les lettres qu'il écrivait étaient si peu encourageantes. Puis il y eut de la part de la famille une certaine pression sur la jeune fille! Le jeune homme était d'ailleurs un parti réellement avantageux au point de vue de la fortune.

Bref Agnès l'épousa et écrivit à Phil dans les régions sauvages de Darjeeling une lettre orageuse comme un cyclone, où elle lui disait que pendant tout le reste de sa vie, elle n'aurait plus un instant de bonheur.

Et la prophétie se réalisa.

Phil reçut cette lettre et se regarda comme injustement traité.

Cela se passait deux ans après son départ; mais à force de concentrer sa pensée sur Agnès Laiter, de regarder sa photographie, de se passer une main caressante sur le dos comme pour se féliciter d'être un des amants les plus constants qu'il y ait dans l'histoire, de se monter petit à petit la tête, il finit réellement par s'imaginer qu'il avait été traité indignement.

Il se mit à composer une lettre d'adieu, une de ces épîtres pathétiques dans le genre «Monde qui ne finira point. Ainsi soit-il», où il déclarait qu'il serait fidèle jusque dans l'éternité, que toutes les femmes se ressemblaient, à peu de chose près, qu'il cacherait son cœur brisé, etc... mais que si dans la suite, etc... il pouvait supporter cette attente, etc... affections restées fidèles au même objet, etc... elle reviendrait à son premier amour, etc., tout cela en huit pages d'écriture serrée.

A un point de vue artistique, c'était un travail agréable à voir.

Un Philistin ordinaire cependant—au fait de ce qu'éprouvait réellement Phil, et non point de ce qu'il croyait éprouver à mesure qu'il écrivait,—eût déclaré que c'était là l'élucubration plate, égoïste, d'un être parfaitement plat, égoïste et faible. Mais un tel verdict eût été injuste.

Phil affranchit sa lettre et éprouva, pendant au moins deux jours et demi, tout ce qu'il avait décrit.

Ce fut la dernière lueur avant l'extinction totale de la lumière.

Cette lettre rendit Agnès Laiter très malheureuse. Elle pleura, elle l'enferma dans son bureau pour ne plus la voir, et elle devint mistress N'importe qui pour complaire à sa famille.

N'est-ce pas le premier devoir de toute jeune fille chrétienne?

Phil reprit sa besogne.

Il ne songeait plus à sa lettre que comme un artiste songe à une esquisse finement parachevée.

Ses habitudes n'étaient point mauvaises, mais elles n'étaient pas absolument bonnes jusqu'au jour où elles le mirent en présence de Dunmaya, fille d'un Radjpoute qui avait été subadar-major dans notre armée indigène.

La demoiselle avait un filet de sang des collines dans les veines, et de même que les filles des collines, elle n'était point *purdah-nashin*[10].

[10] Femme vivant derrière le rideau.

Où fut-elle aperçue pour la première fois par Phil? Comment entendit-il parler d'elle? Cela n'a pas d'importance.

C'était une bonne et belle fille, et fort intelligente, très rouée en son genre, bien que, naturellement, ce genre fût un peu rude.

Il faut se rappeler que Phil vivait très confortablement, ne se refusait aucun luxe, ne mettait pas même un *anna* de côté, et que très content de lui et de ses bonnes intentions, il perdait l'une après l'autre ses relations en Angleterre en négligeant de leur écrire, et commençait à regarder de plus en plus l'Inde comme son pays.

Certaines gens déchoient de cette façon et ne sont plus bons à rien.

Le climat de sa résidence était sain, et il se demandait s'il avait réellement un motif quelconque pour retourner au pays.

Il fit ce qu'avaient fait avant lui beaucoup de planteurs. Il se décida à prendre femme parmi les filles des collines et à s'installer définitivement. Il avait alors vingt-sept ans, une longue vie à parcourir, mais pas assez d'élan pour fournir cette carrière.

Ainsi donc il épousa Dunmaya selon les rites de l'Église anglaise.

Quelques camarades, des planteurs comme lui, déclarèrent qu'il faisait une sottise; d'autres trouvèrent qu'il avait raison.

Dunmaya était une fille profondément honnête, et malgré tout le respect qu'elle éprouvait pour son mari anglais, elle ne se faisait pas d'illusion sur les côtés faibles de ce mari. Elle le menait avec douceur, et en moins d'un an elle représentait, par une imitation assez bien réussie, une dame anglaise comme toilette et comme ensemble. Il est curieux de voir qu'un homme des collines reste homme des collines, même après toute une vie employée à se transformer, tandis qu'une fille des collines arrive en six mois à attraper les caractères essentiels de ses sœurs anglaises.

Il y avait autrefois une femme coolie… Mais c'est une autre histoire.

Dunmaya s'habillait généralement en noir et jaune, ce qui lui allait bien.

Et pendant tout ce temps, la lettre restait dans le tiroir d'Agnès.

De temps à autre, elle songeait au pauvre Phil, qui s'escrimait de son mieux, de toute sa résolution, parmi les cobras et les tigres de Darjeeling, et travaillait tant qu'il pouvait, dans l'espoir qu'un jour elle lui reviendrait.

Le mari, qu'elle avait, valait dix hommes comme Phil, à cela près qu'il avait un rhumatisme du cœur.

Trois ans après son mariage, après avoir essayé de Nice et de l'Algérie pour sa maladie, il s'embarqua pour Bombay et il y mourut, ce qui rendit la liberté à Agnès.

Comme elle était dévote, elle considéra cette mort et l'endroit où elle avait eu lieu comme une preuve que la Providence était personnellement intervenue, et quand elle se fut remise de l'émotion, elle se reprit, elle relut les lettres de Phil, avec les etc., etc., les gros traits, les petits traits. Elle les baisa maintes fois.

A Bombay personne ne la connaissait. Elle avait hérité de son mari une fortune considérable, et Phil était tout près d'elle. Certes, c'était mal, c'était inconvenant, mais elle résolut, comme le font les héroïnes de romans, d'aller retrouver son amant de jadis, de lui offrir sa main et son or, et de passer le reste de sa vie avec lui dans quelque endroit inaccessibles aux âmes incapables de la comprendre.

Elle passa deux mois seule à l'hôtel Watson, pour parfaire son projet: c'était là un joli tableau.

Puis elle se mit à la recherche de Phil Garron, aide dans une plantation de thé dont le nom était encore plus impossible à prononcer qu'il n'est habituel.

....

Elle le découvrit. Elle avait employé un mois à cette recherche, car la plantation n'était pas du tout dans le district de Darjeeling, mais plutôt aux environs de Kangra.

Phil était très peu changé, et Dunmaya se montra fort aimable pour elle. Mais ce qu'il y a de particulièrement affreux, de honteux dans toute cette affaire, c'est que Phil, tout indigne qu'il soit qu'on pense à lui deux fois, était et est encore aimé de Dunmaya, et plus qu'aimé d'Agnès, dont il semble avoir gâté toute l'existence.

Chose pire encore, Dunmaya arrive à faire de lui quelqu'un de présentable, et grâce aux soins qu'il reçoit d'elle, il échappera à la perdition finale.

Ce qui est une injustice manifeste.

AURORE TROMPEUSE

Dieu sait ce qu'apportera le flot de la marée. La terre est fourbue et défaillante, dans l'attente, dans l'insomnie et les yeux ouverts, et nous qui avons été tirés de la terre, nous vibrons à l'unisson de notre mère souffrante.

(DANS NOTRE PRISON)

Aucun homme ne saura jamais ce qu'il y a de vrai dans cette histoire.

Des femmes peuvent sans doute se la chuchoter mutuellement après une danse, quand elles s'arrangent les cheveux pour la nuit et qu'elles comparent les listes de leurs victimes.

Naturellement, un homme n'assiste pas à cette cérémonie.

Il faut donc conter la chose extérieurement,—sans y voir clair,—tout de travers.

Ne faites jamais à une femme l'éloge de sa sœur, avec l'espoir que vos compliments arriveront à la destination que vous vous proposez, et dans celui de planter des jalons pour vous-même.

Une sœur est avant tout, femme. Elle n'est sœur qu'ensuite, et vous reconnaîtrez que vous vous nuisez à vous-même.

Saumarez savait cela quand il se décida à demander sa main à l'aînée des misses Copleigh.

Saumarez était un homme singulier. Il n'avait guère de mérites visibles pour les hommes, quoiqu'il fût très bien vu des femmes et qu'il eût de la prétention assez pour en fournir à un conseil de vice-roi, tout en en gardant un peu pour le commandant en chef de l'état-major.

C'était un civil.

Beaucoup de femmes s'intéressaient à Saumarez, peut-être parce qu'il était rude dans ses façons avec elles.

Si vous heurtez les naseaux d'un poney, dès le premier moment où vous faites sa connaissance, il peut se faire qu'il ne vous prenne pas en affection, mais il est certain qu'il suivra avec un vif intérêt tous les mouvements que vous ferez par la suite.

L'aînée des misses Copleigh était jolie, boulotte, engageante et charmante.

La cadette n'était pas aussi jolie, et à entendre des hommes qui ne tiennent pas compte du conseil donné ci-dessus, elle inspirait de l'éloignement, elle n'avait aucune attraction. En fait, les deux jeunes personnes avaient le même extérieur, et il y avait la plus grande ressemblance entre leur air et leur voix, bien que le premier venu pût dire sans hésitation laquelle des deux était la plus jolie.

Saumarez avait mis dans sa tête, dès qu'elles vinrent à la station de Béhar, qu'il épouserait l'aînée.

Du moins, nous étions tous certains qu'il le voudrait, ce qui revient au même.

Elle avait vingt-deux ans et lui en avait trente-trois avec des appointements et des allocations qui faisaient environ quatorze cents roupies par mois.

Ainsi cette union, comme nous l'arrangions, était parfaitement assortie.

Il se nommait Saumarez, et sommaire aussi était sa nature, ainsi que l'avait dit quelqu'un.

Ayant rédigé sa résolution, il se forma en comité d'un seul homme pour en discuter, et son vote fut qu'il choisirait son heure.

D'après notre argot inconvenant, les misses Copleigh «chassaient couplées».

En d'autres termes, il vous était impossible d'avoir affaire à l'une d'elles sans avoir affaire à l'autre.

C'étaient des sœurs bien aimantes, sans doute, mais leur affection mutuelle n'était pas dépourvue d'inconvénients.

Saumarez tenait la balance en équilibre à l'épaisseur d'un cheveu près, entre elles, et lui seul eût pu dire de quel côté son cœur penchait. Pourtant chacun le devinait.

Il faisait de fréquentes promenades à cheval, et dansait souvent avec elles, mais il ne réussissait jamais à les séparer, un temps appréciable, l'une de l'autre.

Selon les femmes, c'était une défiance profonde qui tenait les deux sœurs rapprochées, chacune d'elles craignant que l'autre ne gagnât l'avance d'une étape par une marche dérobée. Mais cela ne regarde pas un homme.

Saumarez se taisait, à raison ou à tort, et se donnait l'air aussi affairé qu'il pouvait dans ses attentions, et apportait le même soin à son travail et à sa partie de polo.

Il n'était pas douteux que les jeunes filles ne l'eussent pris en amitié.

Comme la saison chaude approchait, et que Saumarez ne se décidait pas,—les femmes disent qu'on eût pu lire dans les yeux des jeunes filles leur embarras,—elles avaient l'air contraint, anxieux, irritable.

Les hommes sont absolument aveugles en ces matières, à moins qu'il n'entre plus de féminin que de masculin dans leur composition, et alors ce qu'ils disent et ce qu'ils pensent n'a pas d'importance.

Pour moi, j'affirme que si les joues des misses Copleigh avaient perdu de leur fraîcheur, cela tenait à la chaleur des journées d'avril.

On aurait dû les envoyer plus tôt dans les montagnes.

Personne,—soit homme, soit femme,—ne se sent un ange quand arrivent les grandes chaleurs.

La cadette devint plus *rosse*,—pour ne pas dire plus aigre—dans ses façons. Quant aux manières engageantes de l'aînée, elles prirent quelque tranchant. On y sentait quelque effort.

Or, la station où se passaient toutes ces choses n'était certes pas une petite station, mais elle était en dehors de la ligne du chemin de fer, et périssait dans l'oubli.

Il n'y avait point de jardins, point d'orchestre, aucune distraction qui valût la peine d'en parler, et il fallait presque une journée de voyage pour aller danser à Lahore.

Les gens vous savaient gré de la moindre chose qui pût les intéresser.

Vers le commencement de mai, juste avant l'exode final des habitués de stations en montagne, alors qu'il faisait très chaud et qu'il ne restait pas plus de vingt personnes à la station, Saumarez organisa un pique-nique, où l'on devait se rendre à cheval pour souper au clair de lune, sur une tombe antique, à six milles de là, sur le bord de la rivière.

C'était un pique-nique genre Arche de Noé; et il devait y avoir comme à l'ordinaire, un intervalle d'un quart de mille entre chaque couple, à cause de la poussière.

Il vint six couples en tout, y compris les chaperons.

Les pique-niques au clair de la lune sont utiles justement quand la saison va finir, avant que les jeunes filles ne partent pour les stations en montagne. Ces pique-niques amènent les cœurs à battre à l'unisson et les chaperons devraient les encourager, surtout quand leurs filles ont l'air charmantes en amazones.

J'en ai connu un cas jadis, mais cela c'est une autre histoire.

Ce pique-nique-là fut appelé le grand pique-nique détente, parce qu'on savait qu'alors Saumarez se déclarerait à l'aînée des misses Copleigh, et outre son affaire, il y en avait une autre qui pourrait se dénouer aussi heureusement.

L'atmosphère sociale était chargée à haute pression et demandait à être dégagée.

Nous nous réunîmes, à dix heures, sur le terrain de manœuvre.

La nuit était d'une chaleur terrible.

Les chevaux, bien qu'allant au pas, étaient couverts de sueur, mais plutôt que de rester dans nos sombres demeures tout paraissait supportable.

Quand on se mit en marche sous la pleine lune, nous étions quatre couples, un groupe de trois, et moi. Saumarez accompagnait à cheval les misses Copleigh, et je flânais à l'arrière de la procession, en me demandant avec laquelle Saumarez reviendrait.

Tout le monde était heureux et content, mais nous nous doutions tous que quelque chose allait se produire.

Nous allions lentement.

Il était près de minuit quand nous arrivâmes à la tombe antique, faisant vis-à-vis à la pièce d'eau en ruines, dans les jardins abandonnés où nous allions boire et manger.

J'arrivai en retard, et avant que j'eusse pénétré dans le jardin, je remarquai à l'horizon, au nord, un coup de lumière indécise, d'un ton noir foncé. Mais personne ne m'aurait su gré de gâter une partie de plaisir aussi bien organisée que ce pique-nique, et un ouragan de poussière de plus ou de moins ne fait pas grand mal.

On se groupa au bord de la pièce d'eau.

Quelqu'un avait apporté un banjo—c'est un instrument très sentimental—et trois ou quatre d'entre nous chantèrent.

Il n'y a pas là de quoi rire. Nous avons un très petit nombre de distractions dans les stations lointaines.

Puis, nous causâmes par groupes ou ensemble, couchés sous les arbres, pendant que les roses, grillées par le soleil, laissaient tomber leurs pétales à nos pieds, en attendant le souper.

Ce fut un beau souper, aussi froid, aussi glacé que vous pouviez le désirer, et nous prîmes notre temps pour le savourer.

J'avais senti l'air s'échauffer de plus en plus, mais personne n'avait paru s'en apercevoir jusqu'au moment où la lune disparut, où un vent brûlant commença à fouetter les orangers avec un bruit comparable à celui de la mer.

Avant que nous puissions nous rendre compte de ce qui se passait, l'orage de poussière fondait sur nous, et faisait de tout ce qui nous entourait un tourbillon hurlant et sombre.

La table du souper fut emportée par le travers dans la pièce d'eau.

Nous n'osions pas nous arrêter quelque part aux environs de la vieille tombe, de peur qu'elle ne fût déracinée par une rafale. Aussi chercha-t-on à se diriger à tâtons vers les orangers où nos chevaux étaient à l'attache et à y attendre que l'orage passât.

Alors le peu de lumière qui restait disparut, et on n'aurait pu distinguer sa main devant sa figure.

L'air était lourdement chargé de poussière et de sable venant du lit de la rivière. Tout cela remplissait les bottes et les poches, coulait le long du cou, formait une couche sur les sourcils et les moustaches.

C'était un des pires orages de sable de l'année.

Nous étions serrés les uns contre les autres, à côté des chevaux qui tremblaient, pendant que le tonnerre babillait au-dessus de nous, que les éclairs pleuvaient du ciel, en nappe comme l'eau d'une écluse, de tous les côtés à la fois.

On ne courait aucun danger, certes, à moins que les chevaux ne rompissent leurs liens.

J'étais debout, la tête tournée du côté opposé à la direction du vent, les mains sur ma bouche. J'entendais les arbres se fouetter mutuellement.

Je ne pouvais voir ce qui se trouvait près de moi que quand il faisait des éclairs.

Alors je reconnus que j'étais terré près de Saumarez et miss Copleigh l'aînée, avec mon cheval juste devant moi.

Si je reconnus miss Copleigh l'aînée, c'est qu'elle avait un *puggry*[11] autour de son casque, et que la cadette n'en avait pas.

[11] Turban de gaze ou de mousseline.

Toute l'électricité qui se trouvait dans l'air avait passé dans mon corps. J'étais tout frémissant, tout vibrant, de la tête aux pieds, tout comme lorsqu'un cor vous donne une sensation de battement, une douleur lancinante, quand le temps est à la pluie.

C'était une tempête grandiose.

On eût dit que le vent ramassait la terre pour la jeter à droite en grands tas.

La chaleur montait du sol comme le feu du Jugement Dernier.

L'orage s'apaisa un peu au bout de la première demi-heure, et j'entendis une petite voix désespérée tout près de mon oreille. Elle se disait, comme à elle-même, comme une âme perdue qui volèterait emportée par le vent:

—O mon Dieu!

Alors miss Copleigh, la cadette, chancela entre mes bras en disant:

—Où est mon cheval? Trouvez-moi mon cheval. Il faut, il faut que je rentre à la maison, il le faut. Ramenez-moi à la maison.

Je pensai que les éclairs et la noirceur de la nuit l'avaient effrayée. Aussi dis-je qu'il n'y avait aucun danger, mais qu'il fallait qu'elle attendît la fin de l'orage.

Elle répondit:

—Ce n'est pas cela, ce n'est pas cela! Il faut que je rentre. Oh! emmenez-moi d'ici!

Je dis qu'elle ne pouvait pas partir avant qu'on y vît clair, mais je sentis qu'elle me frôlait en passant et qu'elle s'éloignait.

De quel côté? Il faisait trop noir pour qu'on pût le voir.

Alors tout le ciel se fendit pour livrer passage à un éclair effrayant, comme si la fin du monde arrivait.

Toutes les femmes jetèrent un cri aigu.

Presque à l'instant même, je sentis une main d'homme sur mon épaule, et j'entendis Saumarez hurlant à mon oreille.

Les craquements des arbres et les grondements de la tempête m'empêchèrent de comprendre tout de suite ce qu'il disait, mais à la fin je l'entendis.

—Je me suis trompé de miss! Que faut-il faire?

Saumarez n'avait aucun motif pour me faire cette confidence.

Je n'avais jamais été son ami, et je ne le suis pas devenu, mais je suppose qu'en ce moment-là, lui et moi, nous n'étions pas dans notre assiette.

Resté debout, il tremblait d'agitation, et l'électricité me pénétrait d'une singulière sensation.

Tout ce que je pus trouver à dire, ce fut:

—Vous n'en êtes que plus sot d'avoir fait votre déclaration en plein ouragan de poussière.

Mais je ne voyais pas en quoi cela pouvait arranger les choses.

Alors il cria:

—Où est Édith, Édith Copleigh?

Édith était la sœur cadette.

Tout stupéfait, je lui répondis:

—Que lui voulez-vous?

Le croiriez-vous? Pendant les deux minutes qui suivirent, nous restâmes à nous regarder comme deux fous.

De son côté, il jurait que c'était à la plus jeune des sœurs qu'il avait toujours compté faire sa déclaration. Du mien, je lui criai jusqu'à extinction de voix qu'il avait dû commettre une méprise.

Tout ce que je pourrais dire pour expliquer cela, c'est qu'en fait nous avions tous les deux perdu la tête.

Tout m'apparaissait comme un mauvais rêve, depuis le piétinement des chevaux dans l'obscurité, jusqu'au récit de Saumarez, me contant qu'il s'était épris tout d'abord d'Édith Copleigh.

Il me tenait toujours solidement par l'épaule, et me suppliait de lui dire où était Édith Copleigh, quand il se fit une nouvelle accalmie, qui ramena de la lumière.

Alors nous vîmes le nuage de poussière qui se formait sur la plaine en avant de nous. Alors nous comprîmes que le plus fort de l'orage était passé.

La lune s'était rapprochée de l'horizon, et on apercevait tout juste la lueur de la trompeuse aurore qui précède la vraie d'environ une heure. Mais c'était une lueur bien faible, et le nuage roux mugissait comme un taureau.

Je me demandais où était passée Édith Copleigh, et pendant que je me faisais cette question, je vis simultanément trois choses.

Tout d'abord la figure de Maud Copleigh qui émergeait toute souriante de l'obscurité, et s'avançait vers Saumarez, debout près de moi.

J'entendis la jeune fille murmurer.

—Georges!

Elle glissa son bras sous le bras qui n'était pas employé à me maintenir par l'épaule, et je vis sur la figure de la jeune fille cette expression qui n'y apparaît qu'une ou deux fois dans toute une existence,—quand une femme est parfaitement heureuse, que l'air est plein de sons de trompettes, de flammes aux couleurs féériques, et que la terre se dissipe en vapeur, parce qu'on aime et qu'on est aimée.

En même temps, je vis la figure que fit Saumarez en entendant la voix de Maud Copleigh, et à une cinquantaine de yards du bouquet d'orangers, je vis une amazone de toile brune qui se remettait en selle.

Ce fut sans doute mon état de surexcitation qui me porta aussi vite à me mêler de ce qui ne me regardait pas.

Saumarez se dirigeait vers l'amazone, mais je le ramenai en arrière et lui dis:

—Arrêtez-vous, expliquez-vous; je vais la chercher.

Et je courus pour aller chercher mon cheval. J'avais l'idée parfaitement inopportune que toute chose devait se faire convenablement et avec ordre, et que Saumarez avait pour premier devoir d'effacer de la figure de Maud Copleigh cet air de bonheur.

Pendant tout le temps que je mis à rajuster le mors, je me demandai comment il allait s'y prendre.

Je partis au trot après Édith Copleigh, comptant la ramener à petits pas sous un prétexte ou un autre. Mais elle se lança au galop aussitôt qu'elle m'aperçût, et je fus forcé de lui faire une chasse à courre en règle.

Elle me cria par-dessus son épaule:

—Allez-vous-en; je retourne à la maison, allez-vous-en.

Et cela deux ou trois fois.

Mais mon devoir était de la rattraper d'abord, de la raisonner ensuite.

Cette chevauchée était bien ce qu'il fallait pour achever le mauvais rêve.

Le terrain était très dur, et de temps à autre nous nous lancions à travers les tourbillons étouffants, les «diables de poussière» qui se forment à la lisière de l'orage qui se déplace.

Il soufflait un vent d'une chaleur brûlante qui nous apportait la puanteur d'un four à briques moisies, et ainsi tantôt dans un demi-jour, tantôt à travers les «diables de poussière» par la plaine désolée, voltigeait l'amazone de toile brune sur le cheval gris.

Tout d'abord elle piqua droit vers la station.

Puis, elle fit demi-tour, et partit dans la direction de la rivière en traversant des couches roussies de l'herbe des jungles, sol assez mauvais pour vous faire faire panache.

Si j'avais été de sang-froid, je n'aurais jamais eu l'idée de traverser un pareil pays la nuit, mais cela me paraissait tout naturel, avec l'éclair scintillant au-dessus de moi, et, dans le nez une vapeur puante qui semblait monter de l'abîme.

Je volais, je criais.

Elle se penchait en avant, et fouaillait son cheval, si bien que la queue de l'ouragan arriva sur nous, en nous enveloppant et nous emportant dans la direction du vent, comme des bouts de papier.

Je ne sais quelle distance nous parcourûmes à cheval, mais le bruit de tambour que faisaient les fers, les grondements du vent, et la marche affolée de la lune rouge de sang à travers le brouillard jaune, tout cela me parut durer des années, des années.

J'étais littéralement trempé de sueur depuis mon casque jusqu'à mes guêtres, quand le cheval gris trébucha, reprit son équilibre, et se remit en marche complètement fourbu.

Ma bête, elle aussi, n'en pouvait plus.

Édith Copleigh était dans un piteux état, toute cuirassée de poussière, son casque enlevé, et pleurant à chaudes larmes:

—Pourquoi donc ne pas me laisser tranquille? disait-elle. Je ne demandais qu'à partir, à rentrer à la maison! Oh! *je vous en prie*, laissez-moi aller.

—Maintenant il faut que vous reveniez avec moi, miss Copleigh. Saumarez a quelque chose à vous dire.

C'était une bien sotte façon de présenter la chose, mais je connaissais à peine miss Copleigh, et bien que j'eusse joué le rôle de Providence aux dépens de mon cheval, je ne pouvais lui répéter en propres termes ce que m'avait appris Saumarez.

Cela, je pensais qu'il le ferait mieux lui-même.

Tous ses airs de se dire fatiguée, de vouloir rentrer à la maison, disparurent. Elle se balança de côté et d'autre sur sa selle, tout en sanglotant, pendant que le vent brûlant faisait flotter sa chevelure de côté.

Je n'ai pas besoin de répéter ce qu'elle dit, attendu qu'elle avait perdu tout sang-froid.

C'était bel et bien, je vous en réponds, l'effrontée miss Copleigh.

Me voilà donc là, moi absolument un étranger pour elle, à tâcher de lui faire entendre que Saumarez l'aimait, et qu'il fallait qu'elle revînt, pour le lui entendre dire.

Je crois que je parvins à me faire comprendre, car elle éperonna le cheval gris et le fit marcher tout clopinant, tant bien que mal, et l'on se mit en route vers la tombe, pendant que les roulements de l'orage descendaient sur Umballah, et que quelques grosses gouttes de pluie chaude tombaient.

Je découvris qu'elle s'était trouvée debout tout à côté de Saumarez pendant qu'il avait fait sa demande à sa sœur, et qu'elle avait alors éprouvé le besoin de rentrer chez elle pour pleurer à son aise, en jeune fille anglaise qu'elle était.

Pendant notre trajet, elle s'épongea les yeux avec son mouchoir, et se mit à me gazouiller son contentement, dans une joie débordante, comme convulsive.

Cela était absolument extraordinaire, mais n'en avait pas du tout l'air, en ce moment, en cet endroit.

Tout l'univers se réduisait aux deux petites Copleigh, à Saumarez et à moi, et on eût dit que la tâche de remettre en ordre cet univers bouleversé m'avait été confiée.

Lorsque nous parvînmes à la tombe, dans le calme profond et morne qui suivit l'orage, l'aube allait bientôt paraître. Personne ne s'était éloigné.

On attendait notre retour.

Saumarez surtout.

Sa figure était pâle et tirée.

Quand miss Copleigh et moi, nous arrivâmes clopin-clopant, il s'avança à notre rencontre, et lorsqu'il l'eut aidée à mettre pied à terre, il l'embrassa devant toute la troupe.

On eût dit une scène jouée sur un théâtre, et ce qui ajoutait à la ressemblance, c'était l'aspect des acteurs tout blancs de poussière, avec des airs de fantômes, tant les hommes que les femmes, sous les orangers qui applaudissaient—on eût dit qu'ils étaient l'auditoire—au choix de Saumarez.

Je n'ai jamais rien vu en ma vie qui fût aussi peu anglais.

Finalement, Saumarez dit qu'il nous fallait retourner à la station, sans quoi la station viendrait nous chercher, et… aurais-je la bonté d'accompagner à cheval Maud Copleigh pendant le retour?

—Rien ne me serait plus agréable, répondis-je.

En conséquence, on se forma en six couples, et l'on repartit deux par deux pendant que Saumarez marchait à pied à côté de miss Édith Copleigh, à qui il avait donné son cheval.

Le ciel s'était éclairci, et peu à peu, à mesure que le soleil s'élevait, je sentis que nous redevenions tout doucement des hommes et des femmes ordinaires et que le grand pique-nique détente était une chose tout à fait à part, une chose extraterrestre, une chose qui ne se reproduirait plus.

C'était parti avec l'ouragan de poussière, avec les vibrations de l'air brûlant.

Je me sentais éreinté, fourbu et quelque peu honteux de moi-même lorsque j'allai prendre un bain et dormir un peu.

Il y a une version féminine de cette histoire, mais elle ne sera jamais écrite… à moins qu'il ne prenne fantaisie à Maud Copleigh de l'écrire.

LE SAUVETAGE DE PLUFFLES

Ainsi pendant une saison elles se battirent à armes égales, elle et sa cousine Mary. Pleines de tact, de talent, de bonhomie, elles furent des adversaires accomplies. Mais qu'on ne compare jamais des batailles entre hommes avec les implacables rencontres entre femmes.

(DEUX ET UN)

Mistress Hauksbee était parfois bienveillante pour son propre sexe.

Voici une histoire qui le prouve; vous en prendrez ce qui vous plaira, pas davantage.

Pluffles était sous-officier dans les «*Inconvenants*».

Il était nigaud, même pour un sous-officier; nigaud des pieds à la tête, comme un serin dont le duvet n'a pas encore cédé toute la place aux plumes.

Le pire de tout, c'est qu'il avait trois fois plus d'argent qu'il n'eût été bon pour lui.

Le père de Pluffles était riche, et Pluffles était fils unique.

La maman de Pluffles l'adorait. Elle était presque aussi serine qu'il était serin, et elle croyait tout ce qu'il disait.

La faiblesse de Pluffles consistait à ne jamais croire ce qu'on lui disait.

Il aimait mieux s'en rapporter à ce qu'il appelait son propre jugement.

Il avait juste autant de jugement que d'adresse à se tenir en selle ou à se servir de ses mains, et cette partialité lui valut de tomber une ou deux fois la tête la première dans des ennuis.

Mais le plus grand des ennuis que Pluffles se créa de toutes pièces, lui échut à Simla, il y a quelques années, alors qu'il avait vingt-quatre ans.

Il débuta par ne s'en rapporter qu'à son propre jugement, selon son habitude, et le résultat ce fut d'être attaché pieds et poings liés aux roues du rickshaw de mistress Reiver.

Il n'y avait qu'une chose de bien dans mistress Reiver, c'était sa toilette.

Elle était mauvaise depuis ses cheveux, qui avaient poussé sur la tête d'une jeune Bretonne, jusqu'aux talons de ses bottines qui avaient deux pouces deux tiers de hauteur.

Elle n'était point loyalement malfaisante comme mistress Hauksbee. Elle avait une scélératesse de femme d'affaires.

Elle ne prêtait jamais le flanc aux mauvais propos. Elle était trop dépourvue d'instincts généreux pour cela.

Elle était l'exception destinée à prouver qu'en règle générale, les dames anglo-indiennes sont à tous les points de vue aussi charmantes que leurs sœurs d'Angleterre.

Elle passait sa vie à démontrer cette règle.

Mistress Hauksbee et elle se détestaient cordialement. Elles se détestaient bien trop pour se heurter avec fracas, mais elles disaient, l'une de l'autre, des choses à vous faire tressauter, tant elles étaient fortes.

Mistress Hauksbee était honnête—honnête comme ses dents de devant—et sans son goût pour les méchants tours, elle eût été la perle des femmes. Mais chez mistress Reiver il n'y avait point d'honnêteté; rien qu'égoïsme.

Et dès le début de la saison, le pauvre petit Pluffles devint sa proie.

Elle se donna tout entière à cette tâche; et qu'était Pluffles, pour résister? Il persista à ne s'en rapporter qu'à son propre jugement, et ce fut sa perdition.

J'ai vu Stayes se chamailler avec un cheval rétif; j'ai vu un meneur de tonga venir à bout d'un poney entêté, j'ai vu un setter indocile dressé au fusil par un piqueur impitoyable, mais cela ne fut rien à côté du dressage de Pluffles, sous-officier aux «Inconvenants».

Il apprit à aller chercher et à rapporter comme un chien, et aussi à attendre, comme un chien, un mot de mistress Reiver.

Il apprit à attendre sous l'orme à des rendez-vous où mistress Reiver n'avait point l'intention d'aller.

Il apprit à accepter avec reconnaissance un tour de danse que mistress Reiver n'avait point l'intention de lui donner.

Il prit l'habitude de rester une heure et quart à grelotter du côté exposé au vent, à l'Élysée, alors que mistress Reiver se disposait à faire un tour à cheval.

Il apprit à aller en quête d'un «rickshaw» dans un complet léger, sous une pluie battante, et à marcher à côté de ce rickshaw quand il l'avait trouvé.

Il apprit à s'entendre adresser la parole comme on fait à un coolie, à recevoir des ordres comme un cuisinier.

Il apprit tout cela, et bien d'autres choses encore.

Et il paya pour recevoir cette éducation.

Peut-être s'imaginait-il, d'une façon plus ou moins vague, que c'était beau, que cela faisait de l'effet, que cela lui créait une filiation au milieu des gens, que c'était précisément là ce qu'il devait faire.

Avertir Pluffles qu'il agissait imprudemment, cela n'était l'affaire de personne.

Cette saison-là, l'allure était trop correcte pour qu'on y regardât de près, et quand on se mêle des sottises d'autrui on fait une besogne qui ne rapporte que des ennuis.

Le colonel de Pluffles l'aurait renvoyé à son régiment, s'il avait su comment les choses allaient. Mais Pluffles avait trouvé le moyen de se fiancer à une jeune fille en Angleterre, la dernière fois qu'il y était allé, et s'il y avait une chose que le colonel détestât avant tout, c'était un sous-officier marié.

Il se frotta les mains quand il vit quelle éducation recevait Pluffles, et dit que c'était excellent «pour former ce garçon-là».

Mais cela ne consistait nullement à le former: cela l'amenait à dépenser au-delà de ses ressources, qui étaient grandes.

En outre, cette éducation-là était propre à perdre un garçon de force moyenne, et en faisait un homme de deuxième ordre et d'un caractère suspect.

Il se risquait dans un mauvais milieu, et on eût été surpris de voir à combien se montait sa petite note chez Hamilton.

Alors mistress Hauksbee surgit au bon moment.

Elle joua sa partie à elle seule, sachant ce que les gens diraient d'elle, et elle la joua dans l'intérêt d'une jeune fille qu'elle n'avait jamais vue.

La fiancée de Pluffles était sur le point d'arriver, chaperonnée par une tante, en octobre, pour épouser Pluffles.

Au commencement d'août, mistress Hauksbee reconnut qu'il était temps d'intervenir.

Un homme qui monte beaucoup à cheval sait exactement ce qu'un cheval va faire au moment où il va le faire.

De la même façon, une femme, aussi expérimentée que mistress Hauksbee, sait au juste comment se conduira un tout jeune homme, dans certaines circonstances, particulièrement quand il s'est amouraché d'une femme du type de mistress Reiver.

Elle se dit que tôt ou tard le petit Pluffles romprait ce mariage pour rien du tout, rien que pour être agréable à mistress Reiver, et qu'en récompense, celle-ci le tiendrait à ses pieds, à son service tout juste autant de temps qu'elle le trouverait agréable.

Elle disait qu'elle connaissait les symptômes de ces choses.

Si elle ne les connaissait pas, qui donc les eût connus.

Alors elle se mit en campagne pour reprendre Pluffles sous les canons mêmes de l'ennemi, tout comme mistress Cusack-Bremmil avait pris Bremmil sous les yeux de mistress Hauksbee.

Cette lutte-là dura sept semaines.

Nous l'appelâmes la guerre de Sept Semaines, et on y disputa le terrain pouce par pouce des deux côtés.

Le compte-rendu détaillé remplirait tout un volume sans être complet. Quiconque se connaît en ces questions peut suppléer par lui-même aux lacunes de détail.

Ce fut une bataille superbe, il n'y en aura jamais de pareille tant que flotteront les couleurs anglaises, et Pluffles était le prix de la victoire.

On disait des choses à faire rougir sur mistress Hauksbee. On ne savait pas quel était son jeu.

Mistress Reiver luttait un peu parce que Pluffles lui était utile, mais surtout parce qu'elle détestait mistress Hauksbee, et que c'était un essai de leur force respective.

Quant à Pluffles, nul ne sait ce qu'il en pensait. Même dans ses meilleurs moments, Pluffles n'avait pas beaucoup d'idées, et le peu qu'il en avait lui servaient à poser.

Mistress Hauksbee dit:

—Il faut prendre à l'appeau ce garçon-là, et la seule façon de le prendre, c'est de le bien traiter. Aussi le traita-t-elle en homme du monde et d'expérience aussi longtemps que l'issue fut douteuse.

Peu à peu Pluffles se dégagea de son ancien vasselage et dévia vers l'ennemi, qui fit grand cas de lui.

On ne l'envoya jamais en service de corvée pour courir après des rickshaws. On ne lui promit jamais de danses qu'on ne lui accordait point. On ne tira plus à jet continu sur sa bourse.

Mistress Hauksbee le menait avec un licol, et après le traitement que lui avait fait subir mistress Reiver, ce lui fut un changement appréciable.

Mistress Reiver lui avait fait perdre l'habitude de parler de lui, et l'avait dressé à parler de ses mérites à elle.

Mistress Hauksbee s'y prit autrement, et gagna si bien sa confiance qu'il finit par lui parler de ses fiançailles avec la jeune fille de là-bas, au pays, tout en présentant la chose en grandes et vastes phrases comme un «coup de folie de jeunesse».

Cela eut lieu un jour qu'il prenait le thé chez elle, dans l'après-midi, en causant d'une façon qu'il croyait gaie et charmeuse.

Mistress Hauksbee avait vu la génération qui avait précédé Pluffles dans la vie bourgeonner, puis s'épanouir, puis se flétrir en devenant des capitaines gras à lard et des majors ronds comme des tonneaux.

En comptant sans exagération, on aurait pu trouver vingt-trois aspects divers dans le caractère de la dame.

Certains en eussent vu davantage.

Elle débuta en tenant à Pluffles des propos maternels, et comme si la différence entre leurs âges eût été de trois cents ans, au lieu de quinze.

Elle parlait avec une sorte de tremblement guttural qui avait un effet moelleux, bien qu'elle prétendît que son langage n'eût rien de moelleux.

Elle faisait remarquer à Pluffles la folie extrême, pour ne pas dire la bassesse de sa conduite, l'étroitesse de ses vues.

Alors il bafouillait je ne sais quoi, signifiant «qu'il s'en rapportait à son propre jugement, comme un homme du monde», et cela préparait les voies à ce qu'elle avait à dire ensuite.

Ce traitement aurait bientôt été usé, si Pluffles l'avait reçu d'une autre femme, mais avec le genre de roucoulements qu'employait mistress Hauksbee, il n'en résultait autre chose pour lui que la sensation d'embarras et de remords, comme s'il eût été dans une église fréquentée par du beau monde.

Petit à petit, avec grande douceur, avec un charme accompli, elle finit par enlever à Pluffles sa prétention, tout comme on enlève les baleines d'un parapluie pour le couvrir de nouveau.

Elle lui dit ce qu'elle pensait de lui et de son jugement, et de sa connaissance du monde; elle lui dit comme quoi ses exploits avaient fait de lui la risée des gens, et comme quoi il projetait de lui faire la cour si elle lui en laissait voir la possibilité.

Alors elle ajouta qu'il lui fallait le mariage pour faire de lui quelqu'un. Elle traça un petit portrait, tout en teintes de rose et d'opale, de la future mistress

Pluffles, traversant la vie avec toute confiance dans le jugement et l'expérience mondaine d'un mari qui n'avait aucun reproche à se faire.

Comment concilier ces deux qualités? Elle seule le savait.

Mais Pluffles ne s'apercevait point qu'elles étaient incompatibles.

Son discours fut une petite homélie en règle—bien meilleure que celle qu'eût pu prononcer n'importe quel clergyman—et elle la termina par de touchantes allusions à papa et à maman, et à la sagesse qu'il montrerait en prenant femme.

Alors elle envoya Pluffles faire un tour de promenade, et méditer ce qu'elle lui avait dit.

Pluffles s'en alla en se mouchant très fort, et se tenant très droit.

Mistress Hauksbee se mit à rire.

Quels avaient été les projets de Pluffles au sujet du mariage?

Mistress Reiver était seule à le savoir, et elle garda son secret jusqu'à la tombe.

J'imagine qu'elle n'eût pas été fâchée, qu'elle eût considéré comme un hommage que son mariage eût été manqué à cause d'elle.

Pluffles eut le plaisir de s'entretenir bien des fois avec mistress Hauksbee pendant les quelques jours qui suivirent, et tous ces entretiens tendirent au même but; ils soutinrent Pluffles dans le chemin de la vertu.

Mistress Hauksbee tint à le garder sous son aile jusqu'au dernier moment.

C'est pourquoi elle désapprouva son projet de se rendre à Bombay pour se marier.

—Grands Dieux! disait-elle, qui sait ce qui peut survenir en route? Pluffles a reçu la *malédiction de Ruben*, et l'Inde n'est pas le pays qu'il lui faut.

Finalement la fiancée arriva avec sa tante, et Pluffles ayant mis un semblant d'ordre dans ses affaires,—ce en quoi il fut encore aidé par mistress Hauksbee,—se maria.

Mistress Hauksbee poussa un soupir de soulagement, quand les mots «je le veux» eurent été prononcés des deux côtés, et elle s'en alla à ses affaires.

Pluffles suivit le conseil qu'elle lui avait donné de retourner au pays.

Il quitta l'armée, et maintenant il élève quelque part en Angleterre des bestiaux de diverses couleurs, dans un parc fermé de barrières peintes en vert. Je crois qu'il s'en tire très judicieusement.

Il aurait fini par avoir ici les mésaventures les plus désagréables.

Pour ces raisons, si jamais on tient des propos plus désobligeants que de coutume au sujet de mistress Hauksbee, répondez en racontant le sauvetage de Pluffles.

LES FLÈCHES DE CUPIDON

Fosse où le bison rafraîchissait sa peau ridée par l'ardeur du soleil et enflammée et
desséchée; hutte de troncs d'arbres dans le ray-grass, cachée, solitaire; levée où surgissent
éparses les taupinières du rat de terre; creux sous la berge que longe le timide et furtif
ruisseau; aloès qui poignarde le ventre et les talons. Élancez-vous, si vous l'osez, sur un
étalon inconnu. Il est plus sûr d'aller bien loin, bien loin! Écoutez du côté où les meilleurs
cavaliers sont en première ligne: «Garçons, éparpillez-vous! au loin! au loin!».

(LA CHASSE AU PEORA)

Il y avait autrefois à Simla une très jolie fille, dont le père était un pauvre, mais honnête juge de sessions et de district.

C'était une très bonne fille, mais elle ne pouvait faire autrement que de connaître sa puissance et de s'en servir.

Sa maman était fort anxieuse au sujet de sa fille, ainsi que doit l'être toute bonne maman.

Quand on est commissaire, célibataire, et qu'on a le droit de porter sur son habit des joyaux à jour en or et émail, et de passer une porte avant tout le monde, excepté un membre du conseil, un lieutenant-gouverneur ou un vice-roi, on est un beau parti.

Du moins, c'est ce que disent les dames.

Il y avait en ce temps-là, à Simla, un commissaire qui était, qui portait, et qui faisait tout ce que je viens d'énumérer. Il avait la figure commune. Il était même laid. C'était l'homme le plus laid qu'il y eût en Asie, à deux exceptions près.

Il avait une figure qui vous faisait rêver et qui vous donnait ensuite l'idée de sculpter une tête de pipe.

Il se nommait Saggott—Barr-Saggott—Anthony Barr-Saggott, suivi de six lettres[12].

[12] Les lettres étaient les abréviations d'autant de titres et de qualités.

Comme fonctionnaire, il était un des plus capables qu'ait eu le gouvernement de l'Inde.

Comme particulier, c'était un gorille aux manières engageantes.

Lorsqu'il adressa ses hommages à miss Beighton, je crois que mistress Beighton pleura de joie, en voyant quelle récompense la Providence lui envoyait dans sa vieillesse.

M. Beighton ne disait rien; c'était un homme facile à vivre.

Or, un commissaire est un très riche personnage.

Son traitement dépasse tout ce que peut souhaiter l'avidité. Il est si énorme qu'il permet de mettre de côté, de gratter d'une façon qui ferait perdre toute considération à n'importe quel membre du Conseil.

La plupart des commissaires sont ladres, mais Barr-Saggott était une exception.

Il recevait royalement. Il avait une belle écurie; il donnait à danser; il était une puissance dans le pays, et il se comportait en conséquence.

Considérez que tout ce que j'écris se passait à une époque presque préhistorique dans le passé de l'Inde anglaise.

Certaines personnes se rappellent les années où nous jouions tous au croquet, avant la naissance du lawn-tennis.

Et même auparavant,—si vous voulez m'en croire, il y eût des saisons où le croquet n'étant pas encore inventé,—le jeu de l'arc, ressuscité en Angleterre en 1844, était un fléau non moins redoutable que le lawn-tennis de nos jours.

Les gens parlaient doctement de «tenir», de «lâcher», de «manier», «d'arcs reployés», «d'arcs de 56 livres», «d'arcs renforcés», «d'arcs en yeux d'une seule pièce», tout comme nous parlons aujourd'hui de «rallies», de «volées», de «coups durs», de «retours», de «raquettes de 16 onces».

Miss Beighton tirait divinement, plus loin que la distance des dames, soit 60 yards, et on la proclamait la meilleure tireuse à l'arc qu'il y eût à Simla.

Les hommes l'avaient surnommée la Diane de Tara-Devi.

Barr-Saggott était plein d'attentions pour elle, et comme je l'ai dit, le cœur de sa mère se dilatait en conséquence.

Kitty Beighton prenait les choses avec plus de calme.

C'était charmant que d'être distinguée par un commissaire dont le nom était suivi de plusieurs initiales et de remplir de mauvais sentiments le cœur des autres jeunes filles. Mais il n'y avait pas moyen de nier le fait: Barr-Saggott était d'une laideur phénoménale, et les essais qu'il faisait pour s'embellir ne le rendaient que plus grotesque. Ce n'était pas sans motif qu'on l'avait baptisé le *Langur*,—ce qui signifie *singe gris*.

C'était charmant, se disait Kitty, de l'avoir à ses pieds, mais il était plus agréable de le planter là et de s'en aller faire une promenade à cheval avec ce coquin de Cubbon—un dragon du régiment en garnison à Umballa,—le jeune beau soldat, qui n'avait point d'avenir.

Kitty se plaisait plus qu'un peu avec Cubbon. Il ne nia pas une minute qu'il était féru d'elle de la tête aux pieds, car c'était un honnête garçon.

Ainsi Kitty s'enfuyait de temps à autre, à bonne distance des pompeuses déclarations que lui adressait Barr-Saggott pour aller retrouver le jeune Cubbon, ce qui lui valait des réprimandes maternelles.

—Mais, maman, disait-elle, M. Saggott est tellement... tellement... si horriblement laid! vous savez!

—Ma chère enfant, disait pieusement mistress Beighton, nous ne pouvons être autrement que ne nous a faits la Providence qui gouverne toutes choses. En outre, c'est vouloir en savoir plus long que votre mère, savez-vous bien? Songez à cela et montrez-vous raisonnable.

Alors Kitty relevait son petit menton et tenait des propos irrévérencieux sur la supériorité maternelle, sur les commissaires, sur le mariage.

M. Beighton se frottait le sinciput, car c'était un homme facile à vivre.

Vers la fin de la saison, Barr-Saggott, quand il jugea l'occasion mûre, mit en train un projet qui faisait le plus grand honneur à ses talents administratifs.

Il organisa un concours de tir à l'arc pour les dames, et donna comme prix un magnifique bracelet tout constellé de diamants.

Il en rédigea les conditions avec une grande habileté, et chacun comprit que le bracelet était un cadeau destiné à miss Beighton et qu'en l'acceptant, elle acceptait aussi la main et le cœur du commissaire Barr-Saggott.

D'après ses règles, il fallait accomplir une série dite de Saint Léonard,—trente-six coups dans le blanc à soixante yards,—en se conformant aux usages de la Société toxophile de Simla.

Tout Simla fut invité.

Il y eut des tables à thé, très artistement disposées sous les deodars, à Annandale, où se trouve aujourd'hui le grand stand, et là, seul dans toute sa gloire, scintillant au soleil, se voyait le bracelet endiamanté dans un écrin de velours bleu.

Miss Beighton était anxieuse,—trop anxieuse, peut-être,—de prendre part au concours.

Dans l'après-midi choisi, tout Simla se rendit à cheval à Annandale pour assister à cette représentation du jugement de Pâris en sens inverse.

Kitty fit le trajet à cheval en compagnie du jeune Cubbon, et il fut aisé de voir que le petit avait l'esprit troublé.

Il faut le tenir pour innocent de tout ce qui se passa ensuite.

Kitty était pâle et nerveuse, et lorgna longtemps le bracelet.

Barr-Saggott était habillé somptueusement, plus nerveux encore que Kitty, et plus hideux que jamais.

Mistress Beighton souriait avec condescendance ainsi qu'il convient à la mère de la toute-puissante Madame l'épouse du Commissaire.

Le tir commença.

Tout le monde était debout, rangé en demi-cercle pour voir venir les dames l'une après l'autre.

Rien de plus ennuyeux qu'un concours à l'arc.

Les dames tiraient, tiraient, tiraient toujours et cela dura jusqu'à ce que le soleil quittât la vallée, jusqu'à ce que de petites brises s'élevassent parmi les deodars.

On attendait que miss Beighton vînt tirer et gagner.

Le jeune Cubbon était à un bout du demi-cercle, qui entourait les tireuses, et Barr-Saggott à l'autre bout.

Miss Beighton était la dernière sur la liste.

Les coups heureux avaient été rares et on était certain qu'elle gagnerait le bracelet,—plus le commissaire Barr-Saggott.

Le commissaire lui banda son arc, de ses mains augustes.

Elle fit quelques pas, regarda le bracelet, et sa première flèche alla tout droit, avec une précision parfaite se planter au milieu du rond doré, coup qui comptait pour neuf points.

Le jeune Cubbon, qui était du côté gauche, devint tout pâle, et le démon de Barr-Saggott lui inspira de sourire.

Or, presque toujours les chevaux s'effarouchaient quand Barr-Saggott souriait.

Kitty vit ce sourire.

Elle jeta un coup d'œil en avant, un peu à gauche, fit un signe de tête presque imperceptible à Cubbon, et se remit à tirer.

Je voudrais pouvoir décrire la scène qui se passa ensuite.

Elle fut absolument extraordinaire et des plus inconvenantes.

Miss Kitty ajustait ses flèches avec un soin infini, de telle sorte que chacun pût voir ce qu'elle faisait. Elle tirait à la perfection, et son arc de 46 livres était tout à fait à sa main.

Elle planta avec grand soin quatre flèches de suite dans les pieds de bois qui portaient la cible; elle planta une flèche dans le haut du bois de la cible.

Et toutes les dames de se regarder.

Ensuite elle se livra à un tir fantaisiste sur le blanc, ce qui vous donne juste un point, chaque fois que vous l'atteignez.

Elle mit cinq flèches dans le blanc.

C'était merveilleux comme tir à l'arc, mais comme il s'agissait pour elle de mettre dans le rond doré et de gagner le bracelet, Barr-Saggott devint d'un vert tendre comme celui de la jeune lentille d'eau.

Ensuite elle tira deux fois par-dessus la cible, puis deux fois à une grande distance sur la gauche,—toujours avec le même air délibéré,—pendant qu'un silence glacial pesait sur l'assistance, et que mistress Beighton tirait son mouchoir.

Ensuite Kitty tira sur le sol devant la cible et cassa plusieurs flèches.

Après cela, elle en mit une dans le rouge, ce qui faisait sept points, rien que pour montrer ce qu'elle était capable de faire quand elle voulait, et elle termina ses singuliers exploits en tirant d'une façon fantaisiste sur les supports de la cible.

Voici le total de ses points, tel qu'il résulte du compte des flèches plantées:

	Or	Rouge	Bleu	Noir	Blanc
Miss Beighton. {	1	1	0	0	5

Total des mises dans la cible: 7; ensemble: 21.

Barr-Saggott faisait la même figure que si les deux ou trois dernières flèches avaient été plantées dans ses jambes et non dans les pieds de la cible.

Le silence profond fut interrompu par une petite fille boulotte, au visage semé de taches de rousseur, à peine formée, qui dit d'une voix aigrelette, mais triomphante:

—Alors c'est moi qui ai gagné!

Mistress Beighton tâcha de faire bonne contenance, mais elle pleura devant le monde. Il fallait plus d'exercice qu'elle n'en avait, pour résister à un tel désappointement.

Kitty détendit son arc d'un geste pervers, et retourna à sa place, pendant que Barr-Saggott se donnait l'air de prendre grand plaisir à fermer le bracelet sur le poignet noueux et rouge.

C'était une scène embarrassante, même pénible.

Tout le monde s'arrangea de façon à partir en masse et à laisser Kitty en tête à tête avec sa maman.

Mais ce fut Cubbon qui l'emmena.

Quant au reste, ce n'est pas la peine de l'imprimer.

SA CHANCE DANS LA VIE

Alors il dressa une pile de têtes; il en entassa trente mille l'une sur l'autre,—tout cela pour plaire à la jeune Infidèle, au pays où se rident les eaux de l'Oxus. Et ainsi parla le farouche Atulla Khan: «C'est l'amour qui a fait de cette chose un homme.»

(HISTOIRE D'OATTA)

Oubliez tout net les réceptions, les listes d'invités aux palais du gouvernement, les bals de corporations commerciales; partez le plus loin possible de tous les êtres, de toutes les personnes que vous connaissez dans votre milieu respectable,—et tôt ou tard vous franchirez la ligne où s'arrête la dernière goutte de sang blanc, et que bat de ses flots la marée montante du sang noir.

Il serait plus aisé d'entrer en conversation avec une duchesse de création récente, alors qu'elle est sous le coup de l'émotion que de causer avec les habitants de la zone frontière sans enfreindre quelques-unes de leurs conventions, sans heurter un de leurs sentiments.

Les relations se compliquent de la façon la plus bizarre entre le Noir et le Blanc.

Parfois le Blanc éclate en accès d'orgueil farouche, puéril,—qui sont l'orgueil de race devenu difforme; parfois ce sont chez le Noir des crises plus farouches encore d'abaissement, d'humilité, des usages à demi païens, d'étranges, d'inexplicables impulsions criminelles.

Un de ces jours, ces gens-là, entendez-moi bien, il s'agit de gens très inférieurs à la classe d'où sortit Derozio, l'homme qui imita Byron,—ces gens-là donneront naissance à un écrivain, à un poète,—et alors nous saurons comment ils vivent, et ce qu'ils sentent.

Jusqu'alors aucune des histoires qu'on racontera sur eux ne pourra être absolument vraie, soit par elle-même, soit dans les conclusions qu'on en tire.

Miss Vezzis vint de l'autre côté de la ligne frontière pour soigner quelques enfants appartenant à une dame, jusqu'à ce qu'une nourrice déjà retenue pût arriver.

La dame disait que miss Vezzis était une bonne incapable, malpropre, inattentive.

Il ne lui vint jamais à l'esprit que miss Vezzis avait son existence à diriger, ses propres affaires pour lui donner du souci, et que ces affaires-là étaient la chose la plus importante qu'il y eût au monde pour miss Vezzis.

Bien peu de maîtresses admettent ce genre de raisonnement.

Miss Vezzis était aussi noire qu'une botte, et à en juger d'après notre idéal, affreusement laide. Elle portait des robes de cotonnade imprimée et des souliers à bouts carrés, et quand les enfants lui faisaient perdre patience, elle les injuriait dans la langue de la frontière, langue qui est faite d'anglais, de portugais et de mots indigènes.

Elle n'était point attrayante, mais enfin elle avait son amour-propre, et tenait à ce qu'on l'appelât miss Vezzis.

Tous les dimanches, elle s'attifait merveilleusement, et allait voir sa maman qui passait la plus grande partie de sa vie sur un grand fauteuil de canne, enveloppée d'une robe crasseuse de soie tussore, dans une vaste maison, sorte de lapinière où pullulaient les Vezzis, les Pereira, les Lisboa, les Gonsalves, sans compter une population flottante de flâneurs.

On y trouvait en outre des débris du marché de la journée, gousses d'ail, encens éventé, habits traînant à terre, jupons pendus à des cordes en guise de rideaux, vieilles bouteilles, crucifix d'étain, immortelles desséchées, fétiches de parias, statuettes en plâtre de la Vierge, chapeaux percés.

Miss Vezzis recevait vingt roupies par mois pour faire les fonctions de bonne, et elle se chamaillait chaque semaine avec sa maman, sur le tant pour cent qu'il fallait pour tenir le ménage.

Une fois la dispute finie, Michele D'Cruze franchissait tant bien que mal le petit mur en terre de la clôture, et faisait la cour à miss Vezzis, à la façon de la frontière, qui est hérissée d'épineux cérémonial.

Michele était une pauvre créature maladive, et très noire. Mais il avait son amour-propre. Pour rien au monde il n'eût voulu être surpris à fumer un *huqa*, et il regardait les naturels avec le dédain condescendant que peut seule donner une proportion de sept huitièmes de sang noir dans les veines.

La famille Vezzis avait aussi son amour-propre.

Elle faisait remonter son origine à un poseur de plaques, ancêtre mythique, qui avait travaillé au pont sur la Sone, alors que les chemins de fer étaient d'introduction nouvelle dans l'Inde, et les Vezzis faisaient grand cas de leur origine anglaise.

Michele était aiguilleur sur la voie ferrée à 35 roupies par mois. La situation d'employé du gouvernement rendait mistress Vezzis indulgente sur ce que ses ancêtres laissaient à désirer.

Il y avait une légende compromettante—Dom Anna, le tailleur, l'avait rapportée de Poonani—d'après laquelle un juif noir de Cochin aurait épousé une femme de la famille D'Cruze; mais un secret connu de tout le monde, c'était qu'un oncle de mistress D'Cruze remplissait, à cette époque même des fonctions absolument domestiques, qui touchaient de près à la cuisine, dans un club de l'Inde méridionale.

Il envoyait à mistress D'Cruze sept roupies huit annas par mois, mais elle n'en sentait pas moins cruellement combien c'était humiliant pour la famille.

Toutefois, au bout de quelques dimanches, mistress Vezzis vint à bout de surmonter la répugnance que lui causaient ces taches. Elle donna son consentement au mariage de sa fille avec Michele, à la condition que Michele aurait au moins cinquante roupies par mois pour débuter dans la vie conjugale.

Cette prudence extraordinaire devait être un dernier et suprême effet du sang qu'avait apporté dans la famille le mystique poseur de rails du Yorkshire, car de l'autre côté de la frontière, les gens se font une question d'amour-propre, de se marier quand ils veulent,—et non point quand ils peuvent.

S'il ne se fût agi que de son avenir comme employé, mistress Vezzis eût tout aussi bien pu demander à Michele de partir et de revenir avec la lune dans sa poche. Mais Michele était profondément épris de miss Vezzis, et cela lui donna de la persévérance.

Il accompagna miss Vezzis à la messe un dimanche, et après la messe, comme il revenait à travers la chaude et fade poussière, en la tenant par la main, il jura par plusieurs saints dont les noms ne vous intéresseraient guère, qu'il n'oublierait jamais miss Vezzis, et elle lui jura, sur son honneur et sur les saints, en un serment qui finissait d'une façon assez curieuse: «In nomine Sanctissimæ» (quel que pût être le nom de cette sainte-là) et ainsi de suite, en finissant par un baiser sur le front, un sur la joue gauche, et un troisième sur la bouche,—qu'elle n'oublierait jamais Michele.

La semaine suivante, Michele fut changé de poste, et miss Vezzis laissa tomber quelques larmes sur le cadre de la portière du compartiment au moment où il quittait la gare.

Si vous jetez les yeux sur une carte des télégraphes de l'Inde, vous verrez une longue ligne qui longe la côte depuis Backergunge jusqu'à Madras.

Michele était envoyé à Tibasu, petite station de second ordre au bout du premier tiers de cette ligne, pour expédier les dépêches entre Berhampur et Chicacola, y rêver à miss Vezzis et aux chances qu'il avait de gagner cinquante roupies par mois avec ses heures de bureau.

Il eut pour lui tenir compagnie le bruit de la Baie de Bengale et un Babou bengali, rien de plus.

Il envoyait à miss Vezzis des lettres folles, où il fourrait des croix par-dessous la patte de l'enveloppe.

Quand il eut été à Tibasu pendant près de trois semaines, l'occasion décisive se présenta.

Qu'on ne l'oublie pas: à moins que les signes extérieurs et visibles de notre autorité ne soient constamment sous les yeux d'un indigène, il est aussi incapable qu'un enfant de comprendre ce que c'est que l'autorité, et à quel danger il s'expose en lui désobéissant.

Tibasu était un petit poste oublié, où habitent quelques Mahométans de l'Orissa.

Ces gens-là, n'ayant point entendu de quelque temps parler du Sahib-Collecteur[13], et méprisant de tout leur cœur le sous-juge hindou, s'arrangèrent pour organiser à leur idée une petite révolte genre Mohurrum.

[13] *Monsieur* le percepteur.

Mais les Hindous, faisant une sortie, leur cassèrent la tête; puis trouvant que l'état anarchique avait du bon, Hindous et Musulmans hissèrent en commun une sorte de Donnybrook sans savoir où ils voulaient en venir, mais rien que pour voir jusqu'où cela irait. Ils se démolirent leurs boutiques les uns les autres, et assouvirent leurs rancunes personnelles, de manière à ne laisser aucun arriéré.

C'était une méchante petite émeute, mais pas assez importante pour qu'on en parlât dans les journaux.

Michele était dans le bureau, occupé à écrire, quand il entendit ce bruit qu'on n'oublie jamais en sa vie,—le *ah-yah*, d'une cohue irritée.

Quand ce bruit baisse d'environ trois tons, et devient un *ut* sourd, bourdonnant, l'homme qui l'entend n'a rien de mieux à faire que de se sauver, s'il est seul.

L'inspecteur indigène de police entra en courant et dit à Michele que toute la ville était en ébullition et se préparait à saccager la station télégraphique.

Le babou se coiffa de son bonnet, et sortit tranquillement par la fenêtre, pendant que l'inspecteur terrifié, mais obéissant à l'antique instinct de race qui devine une goutte de sang blanc, si diluée qu'elle soit, demandait:

—Quels sont les ordres du Sahib?

Au mot de Sahib, Michele prit son parti.

Malgré l'horrible frayeur qu'il éprouvait, il se sentit, lui l'homme qui avait dans sa généalogie le juif de Cochin, et l'oncle domestique, il se sentit donc le seul homme qui représentât dans la localité l'autorité anglaise.

Alors il songea à miss Vezzis, aux cinquante roupies, et il assuma la responsabilité de la situation.

Il y avait à Tibasu sept policemen indigènes, et ils disposaient pour eux sept de quatre fusils à pistons tout détraqués. Tous ces hommes étaient gris de peur, mais non au point qu'on ne pût les faire marcher.

Michele lâcha la clef de l'appareil télégraphique, sortit, à la tête de son armée, pour affronter la foule.

Et comme la cohue venait de tourner l'angle de la route, il mit en joue et fit feu, les hommes qui étaient derrière lui en firent autant, par instinct.

Toute la foule,—composée jusqu'au dernier homme de lâches roquets, poussa un hurlement et se sauva, laissant par terre un mort et un mourant.

Michele suait de peur, mais il ne laissa pas percer sa faiblesse.

Il descendit dans la ville, jusqu'à la maison où le sous-juge s'était barricadé.

Les rues étaient désertes.

Tibasu était plus effrayé que Michele, car la foule avait été assaillie au bon moment.

Michele revint au bureau du télégraphe, et envoya une dépêche à Chicacola pour demander de l'aide.

La réponse n'était pas arrivée, qu'il recevait une députation des anciens, venue pour lui dire que ses actes étaient absolument «inconstitutionnels» et pour essayer de l'intimider. Mais Michele avait dans la poitrine un grand cœur d'homme blanc, à cause de son amour pour miss Vezzis, la bonne d'enfants, et parce qu'il avait goûté pour la première fois à la Responsabilité et au Pouvoir.

Ces deux choses réunies formaient une boisson enivrante, et elles ont causé plus de chutes parmi les hommes, que le whiskey n'en produisit jamais.

Michele répondit que le sous-juge pourrait dire ce qu'il voudrait, mais qu'en attendant l'arrivée de l'aide-collecteur, l'opérateur du télégraphe était à Tibasu le gouvernement de l'Inde, et que les anciens de Tibasu seraient tenus pour responsables si l'émeute recommençait.

Alors ils courbèrent la tête, et dirent: «Soyez miséricordieux», ou quelque chose d'approchant, puis ils repartirent, profondément pénétrés de crainte, en s'accusant mutuellement d'avoir excité le désordre.

Dès les premières heures du jour, après avoir fait une patrouille dans les rues avec ses sept policemen, Michele descendit sur la route, le fusil en main, allant à la rencontre de l'aide-collecteur, qui était monté à cheval pour calmer Tibasu.

Mais en présence de ce jeune Anglais, Michele se sentait redevenir de plus en plus indigène, et l'histoire de l'affaire de Tibasu finit, en même temps que s'éteignait la tension nerveuse du narrateur, par un déluge de pleurs convulsifs, à la pensée douloureuse qu'il avait tué un homme; d'autant plus que la nuit n'avait nullement allégé le poids de cette honte, et qu'il éprouvait un dépit enfantin à sentir que sa langue se refusait à faire valoir ses grands exploits.

Cela, c'était la disparition définitive de la dernière goutte de sang blanc que Michele eût dans les veines, mais il ne s'en doutait pas.

L'Anglais, lui, le comprit, et quand il eut bien lavé la tête aux gens de Tibasu, quand il eut tenu avec le sous-juge une conférence où cet excellent fonctionnaire devint tout vert, il trouva le temps nécessaire pour rédiger un rapport où il faisait connaître la conduite de Michele.

Cette lettre fut transmise à *qui de droit* par les voies ordinaires, et aboutit à faire déplacer Michele vers une résidence plus lointaine encore, avec l'impérial salaire de 66 roupies par mois.

En conséquence son mariage avec miss Vezzis se fit en grande pompe, selon le rituel antique; et maintenant il y a un grand nombre de petits D'Cruzes qui se vautrent autour de la vérandah du bureau central de télégraphe.

Mais, quand bien même on lui offrirait comme récompense tous les profits du service public où il est employé, Michele ne pourrait jamais, non, jamais recommencer ce qu'il fit à Tibasu, pour obtenir Miss Vezzis, la bonne d'enfants.

Cela prouve que quand un homme accomplit une bonne besogne, tout à fait hors de proportion avec son salaire, c'est, sept fois sur neuf, qu'il y a une femme, derrière le rideau de sa vertu.

Quant aux deux exceptions, elles peuvent s'expliquer par une insolation.

MONTRES DE NUIT

Ce qu'il y a dans les livres du Brahmane se retrouve dans le cœur du Brahmane. Ni vous ni moi nous ne savions qu'il y eût autant de mal dans le monde.

(PROVERBE HINDOU)

Cela commença par une mystification, mais maintenant c'est allé assez loin, et cela commence à devenir sérieux.

Platte, le sous-officier, étant pauvre, avait une montre Waterbury, et une simple chaîne en cuir uni.

Le colonel avait aussi une montre Waterbury, mais il se servait comme chaîne de la fausse gourmette d'un mors.

Une fausse gourmette, c'est ce qu'il y a de mieux comme chaîne de montre. C'est à la fois solide et court. Entre une fausse gourmette et une autre, il n'y a pas grande différence; entre une montre Waterbury et une autre, il n'y en a aucune.

Tout le monde, à la station, connaissait la fausse gourmette du colonel.

Il n'était pas un cavalier de premier ordre, mais il aimait à faire croire aux gens qu'il l'avait été jadis, et il enfilait des histoires étonnantes, au sujet de la bride de chasse dont avait fait partie la fausse gourmette en question.

A part cela, il était religieux au point d'en être assommant.

Platte et le colonel faisaient leur toilette au club, car tous deux étaient en retard pour leurs invitations, et tous deux étaient pressés.

On était en *Kismet*.

Les deux montres étaient posées sur une étagère, au-dessous de la glace, avec la chaîne pendante. C'était là de la négligence.

Platte, qui avait fini le premier, prit au hasard une montre, se regarda dans la glace, arrangea son nœud de cravate, et sortit en courant.

Quarante secondes après, le colonel fit exactement la même chose.

Chacun avait pris la montre de l'autre.

Vous avez pu remarquer que bon nombre des gens qui ont de la religion sont extrêmement méfiants. On dirait qu'ils en savent bien plus long,— naturellement, pour des motifs uniquement religieux,—que les inconvertis, sur les choses du mal. Peut-être qu'ils étaient tout particulièrement criminels avant leur conversion.

En tout cas, quand il s'agit d'émettre des imputations défavorables, et de donner l'interprétation la plus cruelle possible aux choses les plus innocentes, vous pouvez être sûr que certaines catégories de gens religieux se distingueront par-dessus toutes les autres.

Le colonel et sa femme appartenaient à cette catégorie-là. Mais la femme du colonel était la pire des deux. C'était elle qui fabriquait les cancans de la station et bavardait avec son ayah!

Il n'est pas besoin d'en dire plus long.

La femme du colonel troubla pour jamais le ménage Laplace.

La femme du colonel fit manquer le mariage Ferris-Haughtrey.

La femme du colonel persuada au pauvre Brexton de laisser sa femme là-bas dans les plaines pendant la première année de leur mariage. Il en résulta la mort de la petite mistress Brexton, puis celle de leur bébé.

Les griefs contre la femme du colonel ne seront jamais oubliés tant qu'il y aura un régiment dans le pays.

Nous revenons au colonel et à Platte.

En quittant le salon de toilette, ils allèrent chacun de son côté.

Le colonel dîna avec deux chapelains, pendant que Platte allait à un rendez-vous de garçons, qui devait être suivi d'une partie de whist.

Remarquez bien comment les choses arrivent.

Si le saïs de Platte avait mis sur la jument la selle toute neuve, les têtes des anneaux de la selle n'auraient pu traverser le cuir usé, et faire entrer le vieux rembourrage dans le garrot de la bête, alors qu'elle revenait, vers deux heures du matin.

Elle n'aurait pas rué, sauté, elle ne serait pas tombée dans un fossé en faisant verser la carriole, et lançant Platte par-dessus une haie d'aloès jusque sur la pelouse si bien ratissée de mistress Larkyn, et ce récit n'aurait jamais été écrit.

Mais la jument fit tout cela, et pendant que Platte se roulait et se roulait sur l'herbe, comme un lapin qui a reçu un coup de fusil, la montre et sa chaîne s'échappèrent de son gilet, tout comme l'épée d'un major saute hors de son baudrier quand on allume un feu de joie; et la montre roula, au clair de lune, jusqu'à ce qu'elle se fût arrêtée sous une fenêtre.

Platte bourra son mouchoir sous le capiton, remit le véhicule d'aplomb, et rentra chez lui.

Remarquez encore comment *Kismet* travaille. C'est une chose qui n'arrive pas une fois en cent ans.

Vers la fin de son dîner avec les deux chapelains, le colonel déboutonna son gilet et se pencha sur la table pour jeter un coup d'œil sur quelques rapports de missionnaires. La barrette de la chaîne de montre passa peu à peu à travers la boutonnière, et la montre,—la montre de Platte,—glissa sans bruit sur le tapis. C'est là que le porteur la trouva le lendemain, et il la garda.

Alors le colonel partit pour retourner auprès de l'épouse de son cœur, mais le conducteur de la voiture était ivre et il s'égara. Aussi le colonel rentra-t-il à une heure indue, et ses excuses ne furent point écoutées.

Si la femme du colonel avait été un de ces «vases ordinaires voués à la destruction» elle aurait compris que quand un homme fait exprès de s'attarder, il se munit toujours d'une excuse plausible et originale. Et la simplicité démesurée de l'explication que donnait le colonel était une preuve de sa bonne foi.

Mais regardez encore *Kismet* à l'œuvre!

La montre du colonel, qui était arrivée si brusquement avec Platte sur la pelouse de mistress Larkyn, jugea bon de s'arrêter tout juste sous la fenêtre de mistress Larkyn, qui la vit à cet endroit le lendemain matin de bonne heure, la reconnut et la ramassa.

Elle avait entendu le bruit que faisait la carriole de Platte en versant, à deux heures de ce matin-là. Elle l'avait entendu apostropher la jument. Elle connaissait Platte et il lui plaisait.

Ce jour-là, elle lui fit voir la montre, et écouta son histoire.

Il tourna la tête de côté, cligna de l'œil et dit:

—C'est dégoûtant! Quel vieux polisson! Et avec tant d'étalage de principes religieux encore! Je devrais envoyer la montre à la femme du colonel et lui demander des explications.

Mistress Larkyn songea une minute aux Laplace—elle les avait connus au temps où le mari et la femme croyaient l'un à l'autre, et elle répondit:

—Je l'enverrai; je pense que ça lui fera du bien, à elle. Mais rappelez-vous que nous ne devrons jamais lui dire la vérité.

Platte se douta que sa propre montre était entre les mains du colonel et pensa que l'envoi de la Waterbury avec sa fausse gourmette, accompagnée d'un billet rassurant de mistress Larkyn, n'aurait d'autre effet que de produire une courte agitation, de quelques minutes à peine.

Mais mistress Larkyn voyait plus loin.

Elle savait que la moindre goutte de poison aurait une prise solide sur le cœur de la colonelle.

Le paquet, accompagné d'un billet contenant quelques détails sur les heures tardives où le colonel faisait ses visites, fut envoyé à la femme du colonel.

Elle s'enferma pour pleurer et examiner quelle décision elle prendrait.

S'il y avait au monde une femme que la colonelle détestât avec une sainte ferveur, c'était bien mistress Larkyn.

Mistress Larkyn était une personne frivole, et qualifiait la colonelle de «Vieille Chatte».

La femme du colonel soutenait qu'un certain personnage de l'Apocalypse ressemblait étrangement à mistress Larkyn.

Elle citait également d'autres personnages de l'Écriture. Elle les prenait dans l'Ancien Testament.

Mais la femme du colonel était la seule personne qui voulût ou osât dire quoi que ce soit contre mistress Larkyn.

Tout le monde, à part elle, l'accueillait comme une amusante, une honnête petite personne.

En conséquence, à la pensée que son mari était allé semer des montres sous les fenêtres de cette «créature» à des heures maudites, et se rappelant que la nuit d'avant, même, il était rentré fort tard...

Arrivée à ce point, elle se leva et se mit en quête de son mari.

Il nia tout, excepté que la montre était à lui.

Elle le supplia de songer au salut de son âme et de dire la vérité. Il nia de nouveau, en ajoutant deux gros mots.

Puis, un silence tomba sur la colonelle pétrifiée, et pendant ce silence on aurait pu respirer cinq fois.

Le discours qui suivit ne regarde ni vous ni moi. C'était un tissu de jalousie conjugale et féminine. On y devinait l'expérience de la vieillesse et des joues creuses, une méfiance profonde, basée sur le texte qui dit que les cœurs mêmes des tendres bébés sont aussi mauvais qu'on les fait. Il y avait enfin de la rancune, de la haine contre mistress Larkyn, tout cela assaisonné des articles de foi que professait la femme du colonel.

Et par-dessus tout, il y avait la montre Waterbury avec la chaîne faite d'une fausse gourmette, cette montre qui faisait tic tac dans le creux de sa main desséchée.

A cette heure-là, je crois bien que la colonelle éprouva quelque chose des soupçons contenus qu'elle avait insinués dans l'âme du vieux Laplace, quelque peu des souffrances qu'elle avait causées à la pauvre miss Haughtrey, quelque peu de la douleur qui rongeait comme un cancer le cœur de Brexton, pendant qu'il assistait à l'agonie de sa femme.

Le colonel bafouilla; il essaya de donner des explications. Alors il s'aperçut que sa montre avait disparu; le mystère redoubla d'obscurité.

La femme du colonel passa alternativement de la parole à la prière, jusqu'à ce qu'elle fût lasse; et alors elle s'en alla pour aviser aux moyens de «châtier le cœur obstiné de son mari». Ce qui se traduit dans notre argot par «lui river son clou».

Comme vous le voyez, elle était profondément imbue de la doctrine du péché originel; et elle ne pouvait croire, en présence des apparences. Elle en savait bien trop long, et arrivait d'un bond aux pires conclusions.

Mais c'était tant mieux. Cela empoisonnait sa vie: elle avait empoisonné celle de Laplace. Elle avait perdu toute confiance dans le colonel; et c'était en cela que le dogme de défiance faisait sentir son influence.

—Il aurait pu, se disait-elle, il aurait pu commettre bien des fautes, avant qu'une Providence compatissante, employant un instrument indigne, cette mistress Larkyn, eût établi sa culpabilité.

C'était un débauché, un scélérat en cheveux gris.

On pourrait trouver que c'était là une réaction bien soudaine après une longue vie conjugale, mais s'il est un fait digne de respect, c'est celui-ci:

«Lorsqu'un homme ou une femme se font une habitude, et en même temps un plaisir de croire et de mettre en circulation les mauvais propos sur des gens indifférents à lui ou à elle, lui ou elle finiront par croire aux mauvais propos sur des gens très aimés, sur des parents très proches de lui ou d'elle.

Vous trouverez peut-être aussi que le simple incident de la montre était trop futile, trop banal pour faire naître cette mésintelligence. Mais une vérité non moins antique, c'est que dans la vie comme aux courses, les petits fossés, et les barrières les plus basses causent les pires accidents.

Pour la même raison, il peut vous arriver de voir une femme, capable d'être une Jeanne d'Arc dans un autre pays, dans un autre climat, se démolir, tomber en morceaux sous l'influence des soucis les plus terre à terre de la vie en ménage.

Mais cela, c'est une autre histoire.

La femme du colonel fut tourmentée d'autant plus cruellement parce qu'elle croyait, que cela faisait ressortir plus vivement la vilenie des hommes.

Quand on se rappelait les méfaits qu'elle avait commis, c'était un vrai plaisir que de la voir ainsi misérable, que de voir les efforts désespérés qu'elle faisait pour que la station ne s'en aperçût point.

Mais la station le savait, en riait sans le moindre remords, car on y avait appris l'histoire de la montre, racontée avec maints gestes dramatiques par mistress Larkyn.

Une ou deux fois, Platte croyant que le colonel n'était point parvenu à se disculper, dit à mistress Larkyn:

—Cette affaire est allée assez loin. Je suis d'avis qu'on apprenne à la femme du colonel comment c'est arrivé.

Mistress Larkyn pinça les lèvres, hocha la tête, et déclara que la femme du colonel devait faire de son mieux pour supporter son châtiment.

Or, mistress Larkyn était une femme frivole, en qui nul n'eût pu soupçonner une telle profondeur de haine.

En conséquence, Platte ne fit aucune démarche, et en vint à croire, d'après le silence du colonel, que celui-ci avait dû «courir la prétantaine» quelque part, cette nuit-là, et que dès lors, il aimait mieux encourir une légère pénalité pour avoir pénétré dans les clôtures des gens en dehors des heures de visites.

Platte finit au bout d'un temps par oublier l'affaire de la montre, et retourna dans la plaine avec son régiment.

Mistress Larkyn rentra en Angleterre quand son mari eut achevé son temps de service dans l'Inde. Elle n'oublia jamais.

Mais Platte avait parfaitement raison quand il disait que la plaisanterie durait un peu trop.

La défiance, et les scènes de tragédie qu'elle comporte,—toutes choses que nous autres étrangers ne pouvons pas voir, ni croire,—tuent la femme du colonel, et font au colonel une vie misérable.

Si l'un ou l'autre lisent cette histoire, ils peuvent être convaincus que l'affaire y est exposée avec vérité. Ils peuvent «échanger le baiser de réconciliation».

Shakespeare fait allusion au plaisir qu'on éprouve en voyant un artilleur canonné par sa propre batterie.

Cela prouve que les poètes ne devraient pas écrire sur des choses auxquelles ils n'entendent rien.

Le premier venu aurait pu lui apprendre que les sapeurs et les canonniers appartiennent à des corps parfaitement distincts dans l'armée. Mais si vous corrigez la phrase, en substituant le mot de canonnier à celui de sapeur, il en résultera exactement la même morale.

L'AUTRE

Quand la terre fut malade et que les cieux grisonnèrent et que les bois eurent été pourris par la pluie, l'homme mort vint à cheval, par un jour d'automne, revoir ce qu'il avait aimé.

(VIEILLE BALLADE)

Il y a bien longtemps de cela, du temps des «soixante-dix», avant qu'on eût construit aucun édifice public à Simla, et la large route qui fait le tour de Jakko, alors qu'ils habitaient un nid à pigeons dans les bouges du P. W. D., les parents de miss Gaurey lui firent épouser le colonel Schreiderling.

Il ne devait pas avoir beaucoup plus de trente-cinq ans de plus qu'elle, et comme il avait deux cents roupies par mois, et avec cela de la fortune personnelle, il était assez à son aise.

Il appartenait à une bonne famille, et quand il faisait froid, il souffrait d'une affection des poumons. En été, il vacillait sur le bord de l'apoplexie par insolation, mais jamais elle ne vint à bout de le tuer.

Entendez-moi bien, je ne blâme pas Schreiderling: il était bon mari, suivant ses idées, et il ne se mettait en colère que quand on le soignait, ce qui arrivait environ dix-sept jours par mois.

Il était très large avec sa femme sur les questions d'argent, et c'était, selon lui, une concession.

Et cependant, mistress Schreiderling n'était point heureuse.

On l'avait mariée quand elle avait moins de vingt ans et qu'elle avait donné à un autre tout son pauvre petit cœur.

J'ai oublié son nom, mais nous l'appellerons l'Autre.

Il n'avait ni argent, ni avenir; il n'avait pas même l'air intéressant, et je crois qu'il avait un emploi dans le commissariat ou les transports. Mais malgré tout cela, elle l'aimait terriblement, et il y avait entre lui et elle comme des fiançailles, lorsque Schreiderling apparut et informa mistress Gaurey qu'il se proposait d'épouser sa fille.

Alors l'autre promesse de mariage fut annulée, effacée par les larmes de mistress Gaurey.

En effet, cette dame gouvernait sa maison en larmoyant sur la désobéissance à son autorité, et sur le peu de respect qu'on lui témoignait dans sa vieillesse.

La jeune fille ne faisait pas comme sa mère; elle ne pleura jamais: non, pas même au mariage.

L'Autre supporta sa perte avec calme, et se fit envoyer dans le poste le plus mauvais qu'il pût trouver. Peut-être que le climat le consolait.

Il souffrait de la fièvre intermittente, et cela put lui servir à se distraire de ses autres peines.

Il avait également le cœur faible. Une des valvules était atteinte, et la fièvre empirait les choses. Cela se vit bien par la suite.

Puis, plusieurs mois se passèrent, et mistress Schreiderling se mit à être malade. Elle ne se consumait point de langueur, comme on le voit dans les livres; mais on eût dit qu'elle collectionnait toutes les formes de maladie qui sévissaient à la station, depuis la simple fièvre, et au-dessus.

Même en ses meilleurs moments, elle n'était jamais qu'ordinairement jolie; ces maladies la rendaient laide.

Ainsi s'exprimait Schreiderling.

Il mettait son amour-propre à dire tout ce qu'il pensait.

Quand elle eut perdu sa joliesse, il la laissa s'arranger à son gré, et retourna dans les bouges où s'était passé son célibat.

On la voyait trottiner, allant et venant sur la Simla-Mall, d'un air d'abandon, avec un grand chapeau du Terai qui lui retombait derrière la tête, et sur une selle en si mauvais état qu'elle faisait peine à voir.

La générosité de Schreiderling s'arrêtait au cheval. Il disait que la première selle venue était assez bonne pour une femme aussi nerveuse que mistress Schreiderling.

On ne l'invitait jamais à danser, parce qu'elle ne dansait pas bien. Elle était si terne, si peu intéressante qu'il était extrêmement rare qu'elle trouvât des cartes dans sa boîte aux lettres.

Schreiderling disait que s'il avait su qu'elle deviendrait un pareil épouvantail après son mariage, il ne l'aurait jamais épousée.

Il avait toujours mis son amour-propre à dire ce qu'il pensait, ce Schreiderling!

Il la laissa à Simla un jour du mois d'août, et retourna à son régiment.

Alors elle reprit un peu de vie, mais ne retrouva jamais son apparence d'autrefois.

J'appris au club que l'Autre revenait malade, très malade, essayer d'une chance incertaine de guérison. La fièvre et l'état de ses valvules du cœur l'avaient presque tué.

Elle savait cela, et elle savait aussi une chose que je n'avais aucun intérêt à connaître, à quelle époque il devait arriver.

Il lui avait écrit, je suppose.

Ils ne s'étaient jamais vus depuis le mois qui avait précédé le mariage.

Et voici maintenant le côté déplaisant de l'histoire.

Une invitation tardive me retint à l'hôtel Dovedell jusqu'à ce qu'il fît sombre.

Mistress Schreiderling avait arpenté le Mall, pendant toute l'après-midi, sous la pluie.

Comme je remontais par la route des voitures, je passai près d'un tonga, et mon poney, las d'être resté longtemps arrêté, partit au petit trot.

Tout près de la route qui allait au bureau des tongas, se trouvait mistress Schreiderling, trempée de la tête aux pieds, attendant le tonga.

Je piquai vers les hauteurs, car le tonga n'était pas mon affaire, et à ce moment même, elle se mit à jeter des cris aigus.

Je rebroussai chemin aussitôt et je vis, aux lumières qui éclairaient le bureau du tonga, mistress Schreiderling agenouillée sur la route tout humide, près du siège de derrière du tonga, qui venait d'arriver; elle poussait des cris affreux.

Et comme je m'approchais, elle tomba la figure dans la boue.

L'Autre était assis sur le siège de derrière, se tenant très bien, très ferme, une main sur le support de la tente, l'eau dégoulinant de son chapeau et de sa moustache: il était mort.

Le voyage de soixante milles dans un véhicule cahotant avait mis sa valvule à une épreuve trop rude, à ce que je pense.

Le conducteur du tonga dit:

—Le sahib est mort à deux stations de Solon. C'est pourquoi je l'ai attaché avec une corde, pour l'empêcher de tomber en route, et nous sommes arrivés comme cela à Simla. Est-ce que le sahib me donnera le buckshih[14]?... Cet Autre-là, ajouta-t-il, en me montrant le défunt, aurait dû donner une roupie.

[14] Pourboire.

L'Autre, toujours assis, avait l'air de ricaner, comme s'il trouvait des plus plaisantes sa façon d'arriver.

Quant à mistress Schreiderling, toujours dans la boue, elle laissa échapper un gémissement.

Il n'y avait au bureau que nous quatre, et il pleuvait à verse.

La première chose à faire était de ramener mistress Schreiderling chez elle; la seconde était de s'arranger pour que son nom ne fût pas mêlé à l'affaire.

Le conducteur du tonga reçut cinq roupies pour aller au bazar chercher un rickshaw destiné à mistress Schreiderling; ensuite il parlerait au *babou* du tonga, au sujet de l'Autre, et le babou arrangerait la chose le mieux possible.

Mistress Schreiderling fut portée sous le hangar à l'abri de la pluie, et nous attendîmes le rickshaw pendant trois quarts d'heure.

Quant à l'Autre, on le laissa tout juste comme il était arrivé.

Mistress Schreiderling n'était en état de rien faire qui pût la tirer d'embarras, si ce n'est de pleurer.

Dès qu'elle eut repris ses sens, elle essaya de crier, puis elle se mit à prier pour l'âme de l'Autre.

Si elle n'avait été pure comme la lumière du jour, elle aurait aussi prié pour son âme à elle.

Alors je fis de mon mieux pour enlever la boue de ses vêtements.

A la fin, le rickshaw arriva, et je l'emmenai, un peu de force.

Ce fut une affaire terrible, du commencement à la fin, mais surtout quand le rickshaw eut à passer entre le mur et le tonga, alors qu'elle voyait la main décharnée, jaunie, qui serrait toujours le support de la tente.

Elle fut ramenée chez elle au moment même où tout le monde partait pour aller danser à la villa du vice-roi—alors c'était Peterhoff.

Le docteur découvrit qu'elle était tombée de cheval, que je l'avais relevée derrière Jakko, et que je méritais vraiment d'être félicité pour la promptitude avec laquelle je lui avais assuré des soins médicaux.

Elle ne mourut pas: les gens de la trempe de Schreiderling épousent des femmes qui ne meurent pas aisément: elles durent et s'enlaidissent.

Elle ne dit jamais un mot de son unique rendez-vous, depuis son mariage, avec l'Autre.

Et quand le refroidissement et le rhume causés par sa sortie en temps de pluie lui permirent de se lever, elle ne laissa jamais échapper un mot, un geste indiquant qu'elle m'avait rencontré au bureau du tonga.

Peut-être ne le sut-elle jamais.

Elle garda son habitude d'aller et venir à cheval sur le Mall, avec cette mauvaise selle si usée. A son air, on eût cru qu'elle s'attendait à rencontrer quelqu'un d'une minute à l'autre, au premier tournant.

Deux ans plus tard, elle retourna en Angleterre, et mourut—à Bournemouth, je crois.

Schreiderling, quand il avait au mess une crise de mélancolie, ne manquait jamais de dire: «Ma pauvre chère femme!»

Il mettait toujours son amour-propre à parler comme il pensait, ce Schreiderling.

CONSÉQUENCES

Les subtilités des Rose-Croix ont pris naissance en Orient. Vous pouvez trouver encore ceux qui les enseignent, au pied de la colline de Jacatala. Fouillez dans Bombast Paracelsus. Lisez ce que nous apprend le chercheur Flood au sujet du Dominant qui se meut à travers les cycles du soleil. Lisez mon récit et voyez Luna à son apogée.

Il y a des postes où l'on est nommé pour un an, des postes où l'on est nommé pour deux ans, des postes où l'on est nommé pour cinq ans à Simla.

Il y a aussi, ou il y avait ordinairement, autrefois, des postes permanents, que vous conserviez pendant toute la durée de votre vie, et qui vous assuraient des joues fraîches et un revenu respectable.

A la saison froide naturellement, il vous était permis de descendre, car alors Simla est fort monotone.

Tarrion venait Dieu sait d'où, de quelque part bien loin, dans une région abandonnée de l'Inde centrale, où l'on qualifie Pachmari de «*santarumi,*» et où l'on se promène en voiture attelée de bœufs trotteurs.

Il appartenait à un régiment, mais son but était avant tout de s'échapper de son régiment, et de vivre toujours, toujours à Simla.

Il n'avait aucune préférence marquée, si ce n'est pour un bon cheval et une jolie femme.

Il se croyait capable de bien faire tout ce qu'il faisait. C'est une bien belle croyance quand on met toute son âme à la garder.

Il s'entendait à bien des choses. Il avait une tournure agréable, et savait rendre heureux tout son entourage, même dans l'Inde centrale.

Il vint donc à Simla, et comme il était adroit et amusant, il se mit naturellement à graviter dans la direction de mistress Hauksbee, qui pardonnait tout, sauf la stupidité.

Un jour, il lui rendit un grand service en changeant la date sur une carte d'invitation à un grand bal, auquel mistress Hauksbee désirait paraître. Mais elle ne le pouvait pas, s'étant querellée avec l'aide de camp. Celui-ci qui avait une âme mesquine avait eu la précaution de l'inviter à un petit bal qui avait lieu le 6 et non au grand bal qui était fixé au 26.

Ce fut un faux des plus adroits, et quand mistress Hauksbee tendit à l'aide de camp sa carte d'invitation, et le taquina doucement sur la générosité qu'il mettait à omettre de se venger, il crut positivement qu'il s'était trompé.

Il comprit, et en cela il fit bien—qu'il ne fallait point engager de lutte avec mistress Hauksbee.

Elle fut reconnaissante pour Tarrion, et lui demanda ce qu'elle pouvait faire pour lui.

Il répondit avec simplicité.

—Je suis un lansquenet en congé ici, et je guette tout butin qui sera à ma portée. Il n'y a pas dans tout Simla un pied carré de terrain qui m'intéresse. Mon nom est inconnu à tous ceux qui disposent des places—et il me faut une situation qui soit bonne, sérieuse, qui enfin soit *pukka*. Je crois que vous êtes capable de réussir tout ce que vous entreprenez. Voulez-vous m'aider?

Mistress Hauksbee réfléchit une minute. Elle passa sur ses lèvres la mèche de sa cravache, comme c'était son habitude quand elle réfléchissait.

Puis, ses yeux pétillèrent, et elle dit.

—Je veux bien.

Et l'on topa.

Tarrion, qui avait une parfaite confiance en cette grande femme, ne se préoccupa plus du tout de la chose, si ce n'est pour se demander quelle sorte de place il obtiendrait.

Mistress Hauksbee se mit à calculer le prix de tous les chefs des grands services, de tous les membres du Conseil qu'elle connaissait, et plus elle réfléchissait, plus elle riait.

Alors elle prit un annuaire du service civil, et jeta les yeux sur quelques emplois.

Il y a quelques beaux emplois dans le service civil.

A la fin, elle jugea qu'elle ferait mieux d'essayer de caser Tarrion dans le service politique, bien qu'il fût trop intelligent pour ces sortes d'emplois.

Quels plans combina-t-elle pour atteindre cette fin? Cela n'importe pas le moins du monde, car la chance ou la destinée étaient dans son jeu et ne lui laissaient plus rien à faire que de suivre le cours des événements, et de s'en attribuer le mérite.

Tous les vice-rois, à leur début,—ont à traverser une attaque de «secret diplomatique».

Cela leur passe, à la longue, mais dans les premiers temps, ils l'attrapent tous, parce qu'ils sont nouveaux dans le pays.

Le vice-roi d'alors,—celui qui subissait la crise en ce moment-là,—il y a de cela bien longtemps, c'était avant que lord Dufferin revînt du Canada, ou avant que lord Ripon abandonnât le giron de l'Église anglicane—le vice-roi, donc, avait une crise très aiguë.

Il en résultait que les gens qui débutaient dans le maniement des secrets d'État allaient et venaient l'air malheureux; et le vice-roi se targuait d'avoir su inculquer des notions de discrétion à son état-major.

Mais voilà, le gouvernement suprême a l'imprudente habitude de relater ses actes sur des imprimés.

Ces papiers traitent de toutes sortes de choses, depuis le paiement de 200 roupies pour «renseignements confidentiels» jusqu'aux mercuriales qu'on administre aux vakils[15] et aux motamids[16] des États de protectorat, et compris les lettres assez raides qu'on envoie aux princes indigènes pour leur enjoindre de mettre de l'ordre dans leurs maisons, leur défendre d'enlever des femmes, de bourrer de poivre rouge en poudre les coupables, et de commettre d'autres excentricités analogues.

[15] Résidents auprès d'un prince indigène.

[16] Juges indigènes.

Naturellement ce sont là des choses qu'il faut éviter de rendre publiques, parce que, officiellement, les princes indigènes sont infaillibles, et parce que, officiellement, leurs États sont aussi bien administrés que nos territoires.

Il y a aussi les sommes données de la main à la main à divers personnages fort singuliers. Ce ne sont pas précisément des détails à mettre dans les journaux, bien qu'on y puisse trouver de temps en temps matière à une lecture divertissante.

Quand le gouvernement suprême est à Simla, c'est à Simla qu'on prépare ces papiers, c'est de là qu'ils sont envoyés par messager officiel aux bureaux ou par la poste aux gens qui doivent les voir.

Pour ce vice-roi, le principe du secret n'était pas moins important que la pratique, et il était d'avis qu'un despotisme paternel comme le nôtre ne doit laisser entrevoir qu'en temps opportun même de menus faits, comme la nomination d'un employé subalterne.

Il se faisait en tout temps remarquer par ses principes.

Il y avait en préparation à ce moment-là une très importante liasse de papiers. Il fallait porter cela à la main pour lui faire traverser Simla d'un bout à l'autre. Elle ne devait pas être mise dans une enveloppe officielle, mais dans une enveloppe grande, carrée, de couleur incarnat clair. Ce qu'elle contenait était écrit à la main sur du papier mince, plusieurs fois ployé.

C'était adressé «au Principal Employé…, etc.»

Or, entre le principal employé, etc., etc., et mistress Hauksbee, en accompagnant ce nom de quelques fioritures, la différence n'est pas très grande, surtout quand l'adresse est très mal écrite, comme c'était le cas.

Le *chaprassi* qui reçut l'enveloppe n'était pas plus idiot que la majorité des chaprassis.

Il se contenta d'oublier où il fallait porter cette enveloppe d'aspect si peu officiel. En conséquence, il s'en informa auprès du premier Anglais qu'il rencontra, et il se trouva que c'était un homme qui s'en allait à cheval vers Annandale, d'un air très pressé.

L'Anglais jeta à peine un coup d'œil sur l'adresse et répondit.

—*Hauksbee, Sahib ki mens.*

Et il repartit.

Et le chaprassi en fit autant, parce que cette lettre était la dernière de son paquet, et qu'il avait hâte de finir sa besogne.

Il n'y avait pas de reçu à faire signer. Il jeta la lettre dans les mains du porteur de mistress Hauksbee, et s'en alla fumer avec un ami.

Mistress Hauksbee attendait justement d'une connaissance l'envoi d'un patron de costume découpé sur papier de soie.

Dès qu'elle tint la grande enveloppe carrée, elle s'écria en conséquence: «Oh! la *chère* créature!» et l'ouvrit avec un couteau à papier, et toutes les pièces écrites à la main tombèrent à terre.

Mistress Hauksbee se mit à les lire.

J'ai dit que le dossier était important. C'est bien assez que vous sachiez cela.

Il y était question d'une certaine correspondance, de deux mesures à prendre, d'un ordre péremptoire adressé à un chef indigène, et d'une ou deux douzaines d'autres objets.

Mistress Hauksbee resta bouche bée, à cette lecture.

Quand le mécanisme du grand gouvernement de l'Inde vous apparaît pour la première fois tout nu, dépourvu de son cadre, de son vernis, de sa peinture, de ses grilles, il y a là de quoi impressionner l'homme le plus stupide.

Et mistress Hauksbee était une femme pleine d'intelligence.

Elle fut d'abord quelque peu effrayée, et il lui sembla d'abord qu'elle avait pris un éclair par la queue et ne savait au juste qu'en faire.

Il y avait des remarques et des initiales sur les marges des papiers, et certaines de ces remarques étaient plus sévères encore que le texte lui-même.

Les initiales étaient celles d'hommes qui maintenant sont tous morts ou partis, mais qui furent considérables en leur temps.

Mistress Hauksbee continua sa lecture, et tout en lisant, elle réfléchit avec calme.

Alors la valeur de sa trouvaille lui apparut et elle se mit à chercher le meilleur moyen d'en tirer parti.

A ce moment, Tarrion entra.

Ils parcoururent ensemble tous les papiers.

Tarrion, ignorant comment elle avait mis la main dessus, jura que mistress Hauksbee était la femme la plus remarquable qu'il y eût au monde.

C'était vrai ou peu s'en faut, selon moi,

—Les procédés les plus honnêtes sont toujours les plus sûrs, dit Tarrion, quand ils eurent passé une heure et demie à étudier la chose et à causer. Tout bien considéré, le service des renseignements, voilà ce qu'il me faut. Ou bien cela, ou bien le Foreign-Office. Je vais mettre les Dieux souverains en état de siège dans leurs temples.

Il n'alla point s'adresser à un petit personnage, ni à un important petit personnage, ni au chef incapable d'un grand service administratif.

Il alla trouver l'homme le plus considérable, le plus influent que le gouvernement possédât, et il lui expliqua qu'il désirait un emploi à Simla avec de bons émoluments.

Cette impertinence à double détente amusa l'homme considérable, et comme il n'avait rien à faire à cette heure-là, il écouta les propositions de l'audacieux Tarrion.

—Vous avez, je suppose, certaines aptitudes spéciales, en dehors de votre talent pour vous imposer, pour les emplois auxquels vous prétendez? dit l'homme considérable.

—Pour cela, dit Tarrion, c'est à vous d'en juger.

Et alors, comme il avait une excellente mémoire, il se mit à citer quelques-unes des notes les plus importantes qui se trouvaient dans les papiers,—laissant tomber les mots lentement, un à un, comme un homme qui verse de la chlorodyne dans un verre.

Lorsqu'il en fut arrivé à l'ordre péremptoire,—car c'en était un, un ordre péremptoire,—l'homme considérable fut troublé.

Tarrion reprit:

—Je m'imagine que des connaissances particulières de cette sorte sont pour obtenir ce que j'oserais appeler, une niche confortable dans le Foreign-Office, une recommandation aussi puissante, que le fait d'être le neveu de la femme d'un officier distingué.

Ce coup droit fit grande impression sur l'homme considérable, car la dernière nomination qu'il avait faite aux affaires étrangères avait été un cas de favoritisme criant et il le savait.

—Je verrai ce que je puis faire pour vous, dit le grand personnage.

—Grand merci, dit Tarrion, qui prit alors congé.

Et l'homme considérable alla de son côté s'occuper de rendre l'emploi disponible.

....

Onze jours se passèrent, sans qu'il y eût autre chose que des coups de tonnerre, des éclairs et de nombreux envois de dépêches télégraphiques.

L'emploi n'était pas des plus importants. Il rapportait de cinq à sept cents roupies par mois, mais, ainsi que le disait le vice-roi, c'était le principe du secret diplomatique qu'il fallait maintenir avant tout, et il était plus que probable qu'un gaillard qui possédait des informations spéciales méritait de l'avancement.

Aussi l'avança-t-on.

On avait dû avoir des soupçons sur lui, bien qu'il jurât que ses informations n'eussent d'autre source que les talents remarquables dont il était doué.

Vous pourrez compléter vous-même une bonne partie de cette histoire, y compris celle qui se produisit ensuite au sujet de l'enveloppe égarée, il y a, en effet, des raisons qui ne permettent pas de l'écrire.

Si vous ne connaissez rien aux choses de là-haut, vous ne saurez comment la compléter, et vous direz que cela est impossible.

Ce que dit le vice-roi, quand on introduisit Tarrion devant lui, le voici:

—Ah! c'est donc le gaillard qui a forcé la main au gouvernement indien, n'est-ce pas? Rappelez-vous, monsieur, que cela ne se fait pas deux fois.

Évidemment, il se doutait de quelque chose.

Ce que dit Tarrion quand il lut sa nomination dans la *Gazette*, ce fut ceci:

—Si mistress Hauksbee avait vingt ans de moins, et que je fusse son mari, je voudrais être vice-roi des Indes au bout de quinze ans.

Ce que dit mistress Hauksbee, quand Tarrion vint la remercier, presque avec les larmes aux yeux, ce fut d'abord: «Je vous l'avais dit,» et ensuite: «Que les hommes sont bêtes!»

LA CONVERSION D'AURÉLIEN MAC GOGGIN

Montez à cheval avec une vaine cravache, montez à cheval avec des éperons édentés: soit! Mais un jour, d'une façon ou d'une autre, il faudra que le poulain apprenne à connaître le coup cinglant qui abat, le mors qui serre à briser et la piqûre que fait la rouille de l'éperon.

(LE HANDICAP DE LA PIE)

Ceci n'est pas un conte, au sens propre; c'est un tract, et j'en suis immensément fier, composer un tract, c'est faire un tour de force.

Chacun a le droit d'avoir ses opinions religieuses à soi, mais personne, et à plus forte raison un cadet, n'a le droit de les faire avaler par force à autrui.

Le gouvernement envoie de temps à autre de fantastiques fonctionnaires, mais Mac Goggin était le plus cocasse qu'on eût exporté depuis bien longtemps.

Il était intelligent, d'une intelligence brillante, mais cette intelligence travaillait de travers.

Au lieu de s'en tenir aux ouvrages en langue maternelle, il avait lu ceux qui ont été composés par un nommé Comte, par un nommé Spencer, par un professeur Clifford. (Vous trouverez ces livres dans la bibliothèque.) Il est question dans ces ouvrages de l'intérieur des gens considéré au point de vue de ceux qui n'ont point d'estomac.

Il ne lui était point défendu, par ordre spécial, de les lire, mais sa maman eût bien dû l'en punir par une fessée. Ils fermentaient dans sa tête et il arriva dans l'Inde avec une religion raréfiée qui était en dehors et au-dessus de sa besogne.

Ça ne ressemblait que très peu à un credo.

Cela prouvait seulement que les hommes n'ont pas d'âme, qu'il n'y a point de Dieu, point d'autre vie, et que vous devez vous mettre en quatre tout de même, pour servir l'humanité.

Un des articles secondaires de son credo paraissait être qu'il existe un péché plus grand que celui de donner un ordre, c'est celui d'y obéir. Du moins c'est ce que disait Mac Goggin, mais je suppose qu'il avait mal lu ses Éléments.

Je ne dis pas un mot contre ce credo.

Il a été fabriqué là-bas, à Londres, où il n'y a rien autre chose que des machines, de l'asphalte et des bâtisses, et le tout noyé dans le brouillard. On en vient tout naturellement à croire qu'on n'a personne au-dessus de soi, et que le bureau de construction de la capitale a fait toutes choses.

Mais dans ce pays-ci, où vous voyez l'humanité, à cru, tannée, toute nue,—sans que rien s'interpose entre elle et le ciel de feu, sans rien sous les pieds que la terre vieillie, surmenée, c'est une idée qui ne tarde pas à s'évaporer, et bien des gens retournent à des théories plus simples.

Dans l'Inde, la vie ne dure pas assez pour qu'on puisse la gaspiller à prouver que personne n'est spécialement chargé de faire marcher le monde.

Et en voici la raison.

Le délégué est au-dessus de l'assistant, le commissaire au-dessus du délégué, le lieutenant-gouverneur au-dessus du commissaire, et le vice-roi est au-dessus d'eux tous quatre, sous les ordres du secrétaire d'État, qui est responsable devant l'Impératrice.

Si l'Impératrice n'est pas responsable envers son Créateur; et s'il n'y a point pour elle de Créateur envers qui elle soit responsable, c'est que tout notre système d'administration doit être mauvais.

Et c'est chose manifestement impossible.

Au pays, l'on est excusable. On est continuellement à l'écurie, et on y devient intellectuellement dru.

Lorsque vous faites prendre de l'exercice à un cheval grossièrement surnourri, il bave, et écume sur le mors au point que vous n'en voyez plus les cornes. Mais le mors n'en reste pas moins ce qu'il est.

Dans l'Inde, les hommes ne deviennent point drus. Le climat et le travail s'opposent à ce qu'on joue des briques contre des mots.

Si Mac Goggin avait gardé pour lui sa doctrine, avec ses lettres majuscules, et ses finales en *isme*, personne n'y eût pris garde, mais ses deux grands pères avaient été des prêcheurs wesleyens et il avait dans le sang la tendance à prêcher.

Au Club, il avait le besoin d'examiner tout le monde, pour se rendre compte qu'on manquait d'âme, tout comme lui, et il appelait tout le monde à l'aide pour exterminer son Créateur.

Ainsi que le lui dirent bon nombre de gens, il était évidemment dépourvu d'âme, parce qu'il était bien jeune, mais il ne s'ensuivait pas que ses aînés fussent aussi arrêtés dans leur développement. Qu'il y eût ou non un monde à venir, il lui fallait toujours dans le monde présent un homme auquel il pût lire ses articles.

—Mais ce n'est point de cela, ce n'est pas de cela qu'il s'agit, avait coutume de dire Aurélien.

Les hommes lui jetaient à la tête des coussins de canapé et lui disaient d'aller dans n'importe quel endroit particulier où il pourrait croire.

On l'avait surnommé Blastoderme. Il prétendait descendre d'une famille de ce nom qui habitait quelque part, dans les âges préhistoriques, et à force d'injures et de rires on tâchait de lui enlever la parole, attendu qu'il était un raseur impitoyable au Club et qu'il offusquait les vieilles gens.

Son délégué commissaire, qui travaillait sur la frontière pendant qu'Aurélien se dorlotait sur un oreiller de plume, lui dit que pour si intelligent garçon qu'il fût, il n'en était pas moins un grand nigaud.

Or vous savez, s'il avait voulu s'appliquer à son travail, il serait parvenu au secrétariat en peu d'années.

Il était exactement conforme à ce type qui arrive ici; tout en tête, peu de physique et une centaine de théories.

Nul ne s'intéressait à l'âme de Mac Goggin. Il eût pu indifféremment en avoir deux, n'en point avoir, ou avoir celle d'un autre.

Son affaire était d'exécuter les ordres et de se tenir sur la même ligne que les autres hommes de sa file, et non point comme il y parvint, de faire le vide au Club avec ses *ismes*.

Il accomplissait admirablement sa besogne, mais il lui était impossible de recevoir un ordre qu'il n'essayât d'améliorer.

C'était la faute à sa doctrine. Elle rendait les hommes trop responsables, et laissait trop de choses à faire à leur honneur.

Vous pouvez parfois monter un vieux cheval sans avoir autre chose qu'une longe, mais non point un poulain.

Mac Goggin se tourmentait plus au sujet de ses arrêts, que ne le fit aucun des gens de sa promotion. Il a pu se figurer que trente-six pages de jugements sur des affaires de cinquante roupies, où de part et d'autre les intéressés avaient commis d'affreux parjures, faisaient progresser la cause de l'humanité.

En tout cas, il se donnait trop de peine, trop de mal, prenait trop à cœur les reproches qu'on lui adressait. En dehors des heures de service, on lui fit des leçons pour lui ôter sa ridicule croyance et il fallut que le docteur vînt l'avertir qu'il faisait trop de zèle.

Nul homme ne peut sans souffrance travailler pour dix-huit annas à la roupie, au mois de juin. Mais Mac Goggin était encore *dru* intellectuellement, et il négligea l'avis du docteur, il était fier de lui et de ses facultés.

Il travaillait neuf heures de suite par jour.

—Parfait, disait le docteur, vous tomberez d'un seul coup, parce que vous avez une machine trop forte pour votre bâti.

Mac Goggin était un nabot.

Un jour la chute se produisit,—d'une façon aussi dramatique que si elle avait été arrangée pour la composition d'un tract.

C'était juste avant les pluies.

Nous étions assis à la vérandah dans une atmosphère morte, chaude, la gorge haletante et implorant le ciel pour que les nuages d'un bleu noir crevassent en ramenant la fraîcheur.

Au loin, bien loin, se faisait entendre un vague murmure. C'était le grondement des pluies se déversant sur le fleuve.

L'un de nous l'entendit, se leva de sa chaise, prêta l'oreille, et dit une parole fort naturelle:

—Dieu merci!

Alors le Blastoderme se retourna à sa place et dit:

—Eh! mais je vous assure que c'est simplement l'effet de causes tout à fait naturelles, de phénomènes atmosphériques aussi simples que possible. Dès lors pourquoi en savoir gré à un être qui n'a jamais existé, qui n'est qu'une figure...

—Blastoderme, grogna celui qui occupait la chaire voisine, fermez ça et passez-moi le *Pioneer*, nous sommes fixés sur vos théories.

Le Blastoderme se tourna vers la table, prit un journal, il fit un bond comme si quelque chose l'avait piqué.

Alors il passa le journal.

—Comme je le disais, reprit-il lentement avec effort, c'est dû à des causes naturelles, des causes parfaitement naturelles... Je veux dire...

—Hé, Blastoderme, vous m'avez donné le *Calcutta Mercantile Advertiser*.

La poussière s'éleva en petits tourbillons pendant que les sommets des arbres se balançaient et que les vautours sifflaient. Mais personne ne s'intéressait à la venue des pluies. Nous étions tous à regarder avec stupeur le

Blastoderme, qui s'était levé de sa chaise et luttait contre une subite difficulté d'élocution.

Alors il dit, avec plus de lenteur encore:

—Parfaitement concevable… Dictionnaire… chêne rouge… réductible… cause… conserver… girouette… seul…

—Blastoderme est ivre, dit quelqu'un.

Mais le Blastoderme n'était point ivre.

Il nous regardait d'un air effaré, puis il se mit à gesticuler, avec ses mains, dans la pénombre que formaient les nuées en se rassemblant au-dessus de nous.

Alors, jetant un cri:

—Qu'est-ce que c'est?… Peux pas… Réserve… accessible… marché… obscur…

Alors on eût dit que la parole se congelait en lui, et au moment même où l'éclair lançait deux langues de feu qui déchirèrent tout le ciel en trois morceaux, et où la pluie s'abattait en nappes ondulantes, le Blastoderme perdit toute faculté de parler.

Il resta debout, frappant du pied, renâclant, comme un cheval tenu par une main dure, et les yeux grandis par l'épouvante.

Au bout de trois minutes le docteur arriva, et on lui raconta l'histoire.

—C'est l'aphasie. Ramenez-le chez lui, dit-il; je *savais* que l'effondrement se ferait.

A travers les torrents de pluie, nous reconduisîmes le Blastoderme à son logis, et le docteur lui administra du bromure de potassium pour le faire dormir.

Puis, le docteur revint parmi nous, et nous apprit que l'*aphasie*, pareille aux avalanches qui s'accumulent sur le «sommet du Penjab» était tombée d'un seul coup, et que jusqu'alors il n'avait rencontré qu'une fois un cas aussi complet,—celui d'un cipaye.

J'ai vu moi-même un cas bénin d'aphasie, chez un homme surmené.

Mais ce mutisme soudain avait quelque chose de mystérieux, quoique pour employer le langage du Blastoderme, «des causes en fussent parfaitement naturelles».

—Il faudra, après cela, qu'il demande un congé, dit le docteur. Il ne sera en état de reprendre son travail qu'au bout de trois autres mois. Non, ce n'est pas de la folie, ce n'est rien de semblable; c'est seulement la perte complète de la faculté de gouverner son langage et sa mémoire. Tout de même, je m'imagine que cela calmera le Blastoderme.

Deux jours plus tard, le Blastoderme recouvra la parole.

Sa première question fut celle-ci:

—Qu'est ce que j'ai eu?

Le docteur le mit au fait.

—Mais je ne puis comprendre cela, dit le Blastoderme, je suis tout à fait bien portant, mais il me semble que je ne puis compter sur mon intelligence… sur ma mémoire. Le puis-je?

—Allez passer trois mois dans la montagne, dit le docteur, et ne songez plus à cela.

—Mais je n'arrive pas à le comprendre, dit le Blastoderme. C'était bien mon intelligence et ma mémoire.

—Je n'y puis rien, dit le docteur. Il y a bon nombre de choses que vous ne pouvez pas comprendre et quand vous aurez autant d'années de service que moi, vous saurez au juste de combien de choses un homme peut avoir la témérité de s'attribuer la possession.

Ce coup terrassa le Blastoderme.

Il ne pouvait arriver à le comprendre.

Tremblant de peur, il se rendit dans la montagne, en se demandant s'il serait en état de finir une phrase commencée.

Cela lui donna une salutaire sensation de méfiance.

L'explication parfaitement juste qu'on lui avait donnée, à savoir son surmenage, ne le contentait pas.

Un je ne sais quoi avait essuyé les paroles sur ses lèvres, comme une mère essuie les gouttes de lait sur les lèvres de son enfant, et il avait peur, horriblement peur.

Aussi, quand il revint, le Club fut-il tranquille.

Et si parfois il vous arrive d'entendre Aurélien Mac Goggin exposer les lois des choses humaines, il semble du moins n'en pas savoir aussi long que jadis sur les choses divines.

En tout cas, vous n'avez qu'à mettre un instant le doigt sur vos lèvres, et vous verrez alors ce qui se passe.

Ne vous en prenez pas à moi, s'il vous lance un verre à la tête!

LES TROIS MOUSQUETAIRES

Et quand la guerre commença, nous fîmes la chasse à l'audacieux Afghan et nous mîmes en fuite le Ghazi tout-puissant, oui, mes gaillards. Et nous entrâmes dans Kaboul et nous prîmes le Balar'-Issar et nous leur apprîmes à respecter le soldat anglais.

(Chanson de Chambrée)

Mulvaney, Ortheris et Learoyd sont simples soldats dans la deuxième compagnie d'un régiment de ligne et mes amis personnels.

Je crois, mais je n'en suis pas très sûr, que pris en bloc, ce sont les pires soldats du régiment, en ce sens qu'ils déploient un vrai génie à se montrer ficelles et fortes têtes.

Voici l'histoire qu'ils m'ont contée, l'autre jour, dans la salle de café d'Umballa, pendant que nous attendions un train montant.

C'est moi qui payais la bière; si le récit m'a coûté un gallon et demi, ce fut encore une bonne affaire.

Évidemment, vous connaissez lord Benira Trig.

C'est un duc, un comte, un personnage sans position officielle. C'est aussi un pair; c'est enfin un globe-trotter, et tout compte fait, il ne vaut pas la peine qu'on en parle, comme dit Ortheris.

Il était venu par ici faire un voyage de trois mois afin de réunir des matériaux pour son livre: «*Nos Impedimenta orientaux*» et s'était cramponné à tout le monde, comme un Cosaque en tenue de soirée.

Son vice particulier,—attendu qu'il est radical,—consistait à mettre sous les armes les garnisons pour les inspecter.

Puis, il dînait avec l'officier-commandant, et l'injuriait, d'une extrémité à l'autre de la table du mess, au sujet de l'aspect de ses troupes.

Telles étaient les façons de Benira.

Il mit les troupes sous les armes une fois de trop.

Il arriva au cantonnement d'Helanthami un mardi. Il se proposait de faire un tour dans les bazars le mercredi, et il *pria* qu'on mît les troupes sous les armes le jeudi.

Un *jeu-di*!

L'officier-commandant ne pouvait guère refuser, car Benira était un lord.

Les sous-officiers tinrent un meeting d'indignation à la cantine, où l'on donna au colonel des noms d'oiseaux.

—Mais la vraie démonstration, dit Mulvaney, c'est nous trois qui l'avons dirigée dans le quartier de la seconde compagnie.

Mulvaney grimpa sur le comptoir, s'installa confortablement à portée de la bière et commença:

—Quand le chahut fut à son comble, et que la seconde compagnie eut voté qu'on massacrerait cet individu, ce Trig, sur le champ de manœuvre,— alors voilà Learoyd qui coiffe son casque, et qui dit... Quoi donc que t'as dit?

—V'là ce que j'ai dit, fait Learoyd: «Aboulez-nous le pognon, que j'ai dit. Les amis, faites une souscription pour esquiver la parade et si l'on n'esquive pas la parade, on rendra la braise.» V'là ce que j'ai dit. Toute la seconde compagnie me connaissait. Alors on a fait une belle souscription. On a récolté quatre roupies huit annas, et il ne s'agissait plus que de faire l'affaire. Mulvaney et Ortheris étaient de mèche avec moi.

—Nous sommes généralement trois pour évoquer le diable, en tête à tête, expliqua Mulvaney.

A cet endroit, Ortheris prit la parole.

—Lisez-vous les journaux? demanda-t-il.

—Quelquefois, répondis-je.

—Nous avons lu les journaux, et nous avons monté une fameuse blague, une... un plateau.

—Un bateau, idiot, dit Mulvaney.

—Bateau, plateau; ça ne fait rien. Bref, nous nous sommes arrangés pour faire battre la campagne à maître Benira jusqu'à ce que le jeudi fût passé, ou de façon qu'il soit trop occupé pour venir nous assommer avec ses revues. C'est celui-là qu'a dit: Nous tirerons quelques roupies de l'affaire.

—Nous avons tenu un conseil de guerre, reprit Mulvaney, en nous promenant dans le quartier de l'artillerie. Moi j'étais président, Learoyd ministre des finances, et le petit Ortheris que voilà était...

—Un Bismarck épatant. C'est lui qui a fait réussir le coup.

—C'est Benira lui-même qui a fait tourner l'affaire à notre profit avec sa manie de se fourrer partout; car, sur mon âme, je vous le jure, nous ne savions à quoi nous arrêter après la première minute.

Il se promenait à pied dans le bazar. Il faisait des emplettes. Il commençait à faire sombre, et nous étions plantés là à suivre de l'œil ce petit homme, qui entrait dans les boutiques, en sortait, et tâchait d'inculquer aux négros la connaissance de son bafouillage.

Bientôt il sort, les bras chargés de marchandises, et il se met à dire d'un air imposant, poussant en avant sa petite bedaine:

—Mes amis, qu'il dit, est-ce que vous avez vu la barouche du colonel.

—La broche, fait Learoyd, des broches; il n'y en a pas ici, il n'y a qu'une ekka.

—Qu'est-ce que c'est que ça? demande Trig.

Learoyd lui en montre une au bout de la rue.

Lui, il dit:

—Ah! voilà qui est bien oriental. Je serais curieux de voyager à ekka.

Je compris alors que notre saint patron du régiment était disposé à nous livrer Trig, comme qui dirait pieds et poings liés.

Je mets en quête d'une ekka, et je vais parler au diable qui servait de conducteur.

Je lui dis.

—Écoute, négro, voici un sahib qui va demander cette ekka. Il s'est mis en tête d'aller se balader à la montagne de Padsahi,—c'était à environ deux milles,—pour chasser la bécasse—tu vas le mener tambour battant, compris! C'est pas la peine de faire de boniment au sahib; il ne comprend mot à ton bafouillage. S'il te dégoise quelque chose, tu cognes ton cheval et fouette cocher. Va bon train le premier mille, sitôt sorti du cantonnement. Puis, rosse ta bête et guette à tout renverser, fouette à tours de bras. Ce sahib sera content. Et voici une roupie pour toi.

L'homme à l'ekka comprit qu'il y avait dans l'air quelque chose de pas ordinaire.

Il rit de toute sa bouche, et dit:

—Je vois de quoi il retourne. J'irai un train d'enfer.

Je priai le ciel pour que la barouche du colonel arrivât trop tard, quand mon petit Benira serait embarqué, à la grâce de Dieu.

Le petit homme fourre toutes ses affaires dans l'ekka, et s'y introduit lui-même comme un petit cochon d'Inde, sans avoir la moindre idée de nous offrir de quoi prendre un verre pour la peine que nous nous donnions pour le ramener chez lui.

—Et maintenant, que je dis aux autres, le voilà en route pour les montagnes de Padsahi!

—Juste à ce moment, continua Ortheris, arrive le petit Bhuldoo. Celui-là, c'est le fils d'un des saïs de l'artillerie. En voilà un qui aurait fait un fameux camelot sur le pavé de Londres, tant il était malin et propre à jouer toutes sortes de jeux. Il nous avait regardés mettre Monsieur Benira, dans sa barouche improvisée, et il nous dit:

—Qu'est-ce que vous êtes en train de faire, sahibs?

Learoyd le prend par l'oreille et lui dit:

—Je lui dis… continua Learoyd… Jeune homme, cet individu prétend nous passer en revue, un jeudi… macache! Et voici encore de la besogne pour vous, jeune homme. A présent, Sitha, prends un tat et un tookri, et rends-toi à fond de train à la côte de Padsahi. Là, quand tu verras venir cette ekka, tu diras au conducteur, dans ton jargon, que tu es venu prendre sa place. Le sahib ne sait pas parler notre langue: c'est un petit homme. Mène la ekka dans la montagne de Padsahi et jette-le en pleine eau. Laisse le sahib barboter et viens par ici. Voici une roupie pour toi.

A partir de ce point, Mulvaney et Ortheris prirent la parole alternativement, Mulvaney dirigeant le récit.

A vous de faire à chaque narrateur la part qui lui revient, tirez-vous-en de votre mieux.

—C'était un petit lutin des plus malins, ce Bhuldoo. En un clin d'œil il voit de quoi il retourne, il saisit tout de suite le truc.

—Il flaire qu'il y a de la galette à récolter.

—Moi, d'ailleurs, je voulais voir comment finirait la campagne.

—Aussi, *lui*, il dit que nous allons doubler le pas pour arriver aux côtes de Padsahi, et que nous sauverons le petit homme en empêchant cet assassin de Bhuldoo de le livrer aux Dacoits, que nous sortirons tout d'un coup de quelque part pour voler à son secours, tout comme dans un mélo au théâtre royal de Victoria.

—Aussi nous partons à fond de train pour la montagne et voilà que nous brûlons le gazon comme un ouragan pour sauver cette chère existence.

—Que Bobs m'emporte, si Bhuldoo n'avait pas levé une véritable armée de Dacoits,—afin de faire la chose dans le grand style.

—Et nous courions, et ils couraient en se tordant de rire, si bien que nous arrivons aux côtes, et nous entendons des sons de détresse qui flottaient avec mélancolie sur l'air du soir.

Ortheris devenait poète sous l'influence de la bière.

Le duo reprit, sous la conduite de Mulvaney.

—Alors nous entendons Bhuldoo, le Dacoit, qui hélait le conducteur de la ekka.

—Un des jeunes diables abat son lakri sur le toit de la ekka, et Benira Trig, qui était dedans, se mit à hurler: «Au meurtre! A l'assassin!»

—Bhuldoo prend les rênes et mène à toute vitesse, comme un fou dans la direction des côtes, après avoir semé le conducteur de la ekka.

L'homme s'approche alors de nous.

—Ce sahib est à moitié mort de terreur, qu'il dit. Dans quelle sale affaire m'avez-vous entraîné?

—Ça va bien, que nous disons, toi enlève ton poney d'ici et marche devant toi. C'est entendu que ce sahib aura été livré aux Dacoits et que nous volons à son secours.

—Alors, que fait le conducteur, des Dacoits? Quels Dacoits? En fait de Dacoits, je ne vois que ce vaurien de Bhuldoo.

—Qu'est-ce que tu nous racontes avec ton Bhuldoo, que nous disons. C'est un Pathan des montagnes, un des plus sauvages. Et il y en a bien huit avec lui, qui attaquent le sahib. Rappelez-vous que vous avez encore une roupie à gagner.

Alors nous entendons crier; Ah, oh! ah, oh! ah, oh! et la ekka verse.

L'eau clapote et Benira supplie Dieu de lui pardonner ses péchés, pendant que Bhuldoo et ses amis barbotent comme des petits Londoniens dans la Serpentine.

Et les trois Mousquetaires se remirent simultanément à boire leur bière.

—Eh bien! demandai-je, qu'arriva-t-il ensuite?

—Ensuite? dit Mulvaney, en s'essuyant les lèvres. Est-ce que vous admettez que trois jeunes soldats ont été capables de laisser un des ornements de la Chambre des Lords se noyer et succomber sous les coups des Dacoits dans une montagne perdue?

Nous nous formons en ligne, par quart de colonne, et nous descendons sur l'ennemi.

Pendant cinq bonnes minutes, vous ne vous seriez pas entendu causer. On se prend aux cheveux et avec Benira et l'armée de Bhuldoo.

Les bâtons sifflèrent autour de la ekka.

Ortheris tambourinait avec les poings sur le toit de la ekka, et Learoyd hurlait:

—Attention, ils ont des couteaux!

Quant à moi, je lançais des coups à droite, à gauche, et je dispersais le corps d'armée des Pathans.

Sainte mère de Moïse! C'était pire qu'à Ahmid Kheyl et à Maiwund réunis.

Au bout d'un moment, Bhuldoo et ses hommes prennent la fuite.

Avez-vous jamais vu un vrai lord essayant de cacher sa noblesse sous un pied et demi de l'eau sale des collines? Eh bien! ça n'est pas plus brillant qu'une outre percée de porteur d'eau.

Il fallut bien du temps pour prouver à mon ami Benira qu'il n'était pas éventré, et encore plus de temps pour tirer la ekka de là.

Le conducteur reparut après la bataille en jurant qu'il avait aidé à repousser l'ennemi.

Benira était malade de peur. Nous l'escortâmes au retour. On regagna très lentement le cantonnement, car cette alerte et le froid qu'il avait pris le pénétraient jusqu'aux os. Ça dégouttait. Gloire au saint patron du régiment, mais ça dégouttait jusque dans le dos du lord Benira Trig.

Et alors Ortheris, crevant de fierté, reprit:

—Vous êtes mes généreux sauveurs, qu'il dit. Vous êtes l'honneur de l'armée anglaise, qu'il dit encore.

Et en même temps il décrit l'innombrable armée de Dacoits qui avait fondu sur lui. Ils étaient au moins quarante ou cinquante; il était accablé par le nombre, qu'il dit, mais il ne perdit jamais sa présence d'esprit, jamais.

Il donna au conducteur de la ekka cinq roupies pour le récompenser de son noble courage, et il dit qu'il penserait à nous dès qu'il aurait parlé au colonel, car nous faisions honneur au régiment. Ça c'est vrai.

—Et nous trois, dit Mulvaney, avec un sourire angélique, nous avons attiré l'attention toute particulière de Bob Bahadur, et plus d'une fois. Mais c'est un vraiment bon petit homme, Bob. Continue, Ortheris, mon garçon.

—Alors nous le laissons à la porte du colonel, encore bien malade, et nous, nous allons tout de suite à la caserne de la deuxième compagnie.

Nous racontons que nous avons sauvé Benira d'une mort sanglante, et qu'il n'est guère probable qu'il y aura revue le jeudi.

Environ dix minutes après, arrivent trois enveloppes, une pour chacun de nous.

Grands Dieux! le vieux bêta ne nous envoyait-il pas à chacun un billet de cinq livres, ce qui fait soixante-quatre dibs, au bazar.

Le jeudi, il était à l'hôpital pour se remettre de sa rencontre sanglante avec une bande de Pathans, et la deuxième compagnie se régalait par escouades à sa santé.

Comme ça, il n'y eut pas de revue le jeudi.

Mais le colonel, quand il entendit parler de notre vaillante conduite, se mit à dire:

—Je sais bien qu'il s'est passé quelque diablerie, quelque part, mais je ne peux pas vous fourrer dedans, vous trois.

—Et mon impression personnelle, dit Mulvaney dégringolant du comptoir après avoir retourné son verre, c'est que si on avait su la vérité, on ne nous aurait rien fait. Ç'aurait été trop d'aplomb d'abord, en face de la nature, puis en face des règlements, et enfin contre la volonté de Térence Mulvaney, de faire une revue un jeudi.

—Fort bien, mes enfants, dit Learoyd; mais, jeune homme, à quoi vont servir ces notes que vous avez prises?

—Laisse faire, dit Mulvaney. Vois-tu, le mois prochain, nous serons à bord du *Serapis*. Ce gentleman va nous donner une gloire immortelle… Mais il faut garder tout ça secret jusqu'à ce que nous ne soyons plus à la portée de mon petit ami Bob Bahadur.

J'ai déféré au désir de Mulvaney.

UN DESTRUCTEUR DE GERMES

Les petits dieux d'étain trouvent bien drôle de voir le Grand Jupiter sommeiller en hochant la tête. Mais les petits dieux d'étain commettent aussi leurs petites maladresses en se trompant sur l'instant où le Grand Jupiter se réveille.

En règle générale, il n'y a que des inconvénients à se mêler des affaires d'État dans un pays où les gens sont grassement payés pour s'en occuper à votre place.

Le récit suivant est une exception qui peut se justifier.

Ainsi que vous le savez, tous les cinq ans nous passons un contrat avec un vice-roi nouveau, et chaque vice-roi importe, avec le reste de ses bagages, un secrétaire particulier qui peut être, ou ne pas être le véritable vice-roi; cela dépend du destin.

Le Destin a les yeux fixés sur l'Empire indien parce qu'il est grand et incapable de se défendre.

Il y avait autrefois un vice-roi qui amena avec lui un turbulent secrétaire particulier, homme dur avec des façons douces, et une passion morbide pour le travail.

Le secrétaire se nommait Wonder, John Vennil Wonder.

Le vice-roi n'avait pas de nom à lui,—rien qu'une enfilade de comtés, suivie des deux tiers des initiales de l'alphabet.

Il disait confidentiellement qu'il était simplement la figure à la galvanoplastie placée au haut d'une administration en or, et il contemplait d'un air rêveur et amusé les tentatives que faisait Wonder pour attirer dans ses mains, des affaires qui étaient tout à fait en dehors de sa sphère d'action.

—Quand nous serons passés tous ensemble à l'état de chérubins, disait un jour Son Excellence, mon cher, mon bon ami Wonder se mettra à la tête d'une conspiration pour arracher une plume aux ailes de Gabriel, ou pour voler ses clefs à saint Pierre. *Alors* je ferai un rapport sur lui.

Mais, bien que le vice-roi ne fît rien pour entraver le zèle de Wonder, d'autres tenaient des propos fâcheux.

Peut-être cela commença-t-il par les membres du Conseil; mais tout Simla fut d'accord «qu'il y avait dans ce régime-là trop de Wonder, et trop peu de vice-roi».

Wonder mettait toujours en avant «Son Excellence», «Son Excellence avait fait ceci… Son Excellence avait dit cela… l'opinion de Son Excellence était que…» et ainsi de suite.

Le vice-roi souriait, mais il ne s'en mêlait pas.

Il disait que tant que ses vieux se chamailleraient avec son cher, son bon Wonder, on pourrait obtenir d'eux qu'ils laissassent en paix «l'éternel Orient».

—Aucun homme avisé n'a de système, disait le vice-roi. Un système, c'est une contribution levée sur les sots par l'imprévu. Je ne suis pas des premiers, quant au dernier, je n'y crois pas.

Je ne vois pas très bien ce que cela signifie, à moins qu'il ne s'agisse d'une police d'assurances. Peut-être était-ce la tournure que prenait le vice-roi pour dire: «Restez couchés à terre.»

En cette saison, arriva à Simla un de ces hommes à la tête fêlée qui n'ont qu'une idée.

Ce sont ces gens-là qui mettent les choses en mouvement, mais ils ne sont pas d'un entretien agréable.

Cet homme-là se nommait Mellish, et il avait passé quinze ans dans une propriété à lui, au Bas-Bengale, à étudier le choléra.

Il soutenait que le choléra était un germe qui se propageait spontanément en traversant une atmosphère lourde et moite, et restait accroché aux branches des arbres comme un flocon de laine.

—On pouvait rendre ce germe stérile, disait-il, au moyen de la «toute-puissante fumigation de Mellish», poudre lourde, d'un violet tirant sur le noir, résultat de quinze ans de recherches, oui, monsieur.

Les inventeurs ont tout à fait l'air d'appartenir à une caste.

Ils causent très haut, particulièrement au sujet des camarillas des hommes qui ont un monopole. Ils frappent du poing sur la table, et ils colportent sur eux-mêmes des échantillons de leurs inventions.

Mellish prétendait qu'il existait à Simla un trust de médecins ayant à sa tête le chirurgien en chef, lequel était, selon toute apparence, de connivence avec tous les aides d'hôpitaux de l'empire.

Je ne me rappelle plus au juste comment il le démontrait, mais cela avait l'air «d'une infiltration sournoise dans les montagnes» et ce qu'il fallait à Mellish, c'était le témoignage impartial du vice-roi, «représentant de notre très gracieuse Majesté la Reine, monsieur».

En conséquence, Mellish monta à Simla, avec quatre-vingts livres de sa drogue à fumigations dans sa malle pour parler au vice-roi, et lui démontrer les mérites de l'invention.

Mais il était plus aisé de voir un vice-roi que de l'entretenir, à moins que vous n'eussiez la chance d'être un personnage aussi important que Mellishe, de Madras.

C'était un homme de six mille roupies, si grand, que ses filles ne «se marièrent jamais». Elles «contractèrent des alliances».

Lui-même, il n'était point payé; il recevait des émoluments, et ses voyages dans le pays étaient qualifiés d'«Excursions d'un Observateur».

Son travail consistait à tenir éveillés les gens de Madras, au moyen d'une longue perche, comme on fait aller et venir les tanches dans une mare, et les gens étaient obligés de renoncer à leurs bonnes vieilles habitudes, en se disant d'une voix éteinte:

—C'est cela les Lumières et le Progrès! N'est-ce pas superbe?

Alors ils votaient à Mellishe des statues et des guirlandes de jasmin, avec l'espoir d'être délivrés de lui.

Mellishe monta à Simla, afin de «conférer avec le vice-roi».

C'était là un de ses dadas.

Tout ce que le vice-roi savait de lui, c'était que Mellishe était une de ces divinités d'ordre intermédiaire qui paraissent nécessaires au bien-être spirituel de ce Paradis des classes moyennes, et que selon toutes probabilités «il avait suggéré, organisé, fondé et doté tous les établissements publics de Madras».

Cela prouve que Son Excellence, malgré ses tendances à rêver, connaissait par expérience les façons des gens aux six mille roupies…

Le nom de Mellishe était E. Mellishe, et celui de Mellish s'écrivait E. S. Mellish.

Tous deux étaient installés dans le même hôtel, et le Destin qui régit l'Empire indien, décida que Wonder ferait une faute d'orthographe en omettant l'*e* final, que le chaprassi y mettrait du sien, et que le billet ainsi conçu:

> «Cher Monsieur Mellish,—*pouvez-vous ajourner vos autres invitations, et luncher avec nous, demain à deux heures? Son Excellence aura alors une heure à vous donner.*»

serait remis au Mellish de la poudre fumigatoire.

Il faillit pleurer d'orgueil et de joie, et à l'heure convenue, il trotta dans la direction de Peterhoff, ayant dans une des poches de derrière de sa redingote un gros paquet de poudre fumigatoire.

Il tenait l'occasion et il entendait en tirer tout le parti possible.

Mellishe, de Madras, avait été si pompeux, si solennel au sujet de sa «Conférence», que Wonder avait arrangé un tiffin[17] en tête à tête, non point avec un aide de camp, non point avec Wonder, mais avec le vice-roi, qui exprimait d'un ton plaintif sa crainte de se voir seul en présence d'un autocrate démuselé, tel que l'était le grand Mellishe, de Madras.

[17] Collation entre le déjeuner et le dîner.

Mais le vice-roi ne fut point ennuyé par son hôte.

Loin de là, il fut diverti.

Mellish était nerveusement préoccupé d'en venir promptement à son procédé fumigatoire; il causa à tort et à travers au hasard pendant tout le repas, et Son Excellence l'invita à fumer.

Le vice-roi fut enchanté de Mellish, parce que celui-ci ne lui parlait pas d'affaires du métier.

Dès que les cigares furent allumés, Mellish causa comme un homme; il commença par sa théorie sur le choléra, détailla ses quinze années de «travaux scientifiques», les machinations de la «Coterie de Simla», la supériorité de sa poudre fumigatoire, pendant que le vice-roi l'observait, les yeux à demi clos, en se disant:

—Évidemment, il y a une erreur sur l'identité: ce n'est pas le véritable tigre annoncé, mais c'est un animal original.

Mellish était si animé que ses cheveux se hérissaient et qu'il bégayait.

Puis, il se mit à fouiller dans la poche de derrière de sa redingote, et avant que le vice-roi eût pu se douter de ce qui allait arriver, il avait jeté une grosse poignée de sa poudre dans le grand cendrier d'argent.

—Ju-jugez-en par vous-même, monsieur, disait Mellish, Vo-Votre Excellence en jugera par elle-même. Absolument infaillible, sur mon honneur!

Il plongea le bout allumé de son cigare dans la poudre, qui se mit à fumer comme un volcan, en dégageant des tourbillons de vapeur grasse, salissante, d'une couleur de cuivre.

En cinq secondes, la pièce fut remplie d'une odeur très piquante, très écœurante, d'une atmosphère fétide qui vous prenait violemment à la gorge et vous la fermait comme une trappe.

La poudre sifflait, pétillait, lançait des étincelles bleues et vertes. La fumée s'épaissit au point qu'on ne pouvait plus ni voir, ni respirer, ni ouvrir la bouche.

Quant à Mellish, il y était habitué.

—Nitrate de strontiane, criait-il, baryte, os calciné, et cætera; mille pouces cubes de fumée par pouce cube de poudre. Pas un germe ne pourrait résister, pas un... Excellence!

Mais Son Excellence avait pris la fuite, et toussait au pied de l'escalier, pendant que tout Peterhoff bourdonnait comme une ruche.

Des lanciers rouges arrivèrent, et le chaprassi en chef, qui parle anglais, arriva, et il arriva aussi des porte-masses, et des dames descendirent par l'escalier en courant et criant: «Au feu!» Car la fumée s'insinuait dans toute la maison, filtrait à travers les fenêtres, s'enflait le long des vérandahs, se répandait en grosses vagues, en guirlandes par les jardins.

Personne ne pouvait pénétrer dans la pièce où Mellish continua sa conférence sur son produit fumigatoire, jusqu'à ce que son infâme poudre eût été consumée.

Alors un aide de camp, qui avait grand désir de la croix de Victoria, se précipita à travers les torrents de fumée et traîna Mellish dans le hall.

Le vice-roi perdait l'équilibre, à force de rire. Il ne put qu'agiter faiblement ses mains du côté de Mellish, qui brandissait vers lui un nouveau paquet de poudre.

—Superbe! Superbe! sanglota Son Excellence. Pas un germe ne peut y résister, comme vous le faisiez remarquer avec raison. Je puis en jurer. Un résultat magnifique.

Alors il se mit à rire jusqu'à ce que les larmes lui vinrent aux yeux, et Wonder, qui avait pris le vrai Mellishe, tout grondant, sur le Mail, fit son entrée et fut très choqué de cette scène.

Mais le vice-roi fut charmé, parce qu'il comprit que Wonder serait bientôt obligé de partir.

Le Mellish à la poudre fumigatoire fut aussi enchanté, parce qu'il était certain d'avoir écrasé «la Coterie médicale de Simla».

....

Bien peu d'hommes savaient raconter une histoire comme Son Excellence, quand Elle s'en donnait la peine, et son récit sur «L'ami de mon cher, mon bon Wonder, l'homme à la poudre», fit le tour de Simla, et les gens frivoles tourmentèrent Wonder de leurs remarques.

Mais Son Excellence conta la chose une fois de trop, de trop pour Wonder.

Et c'était à dessein.

Cela eut lieu lors d'une partie de campagne, à Seepee.

Wonder était justement assis derrière le vice-roi.

—Et j'étais réellement persuadé, disait pour finir Son Excellence, que mon cher et bon Wonder avait payé un assassin pour se frayer la voie jusqu'au trône.

Tout le monde rit, mais il y avait dans le ton de voix du vice-roi une légère et mystérieuse vibration, qui fut comprise de Wonder.

Il s'aperçut que sa santé s'altérait.

Le vice-roi lui permit de s'en aller et lui délivra un certificat magnifique pour qu'on l'utilisât chez les grands personnages, en Angleterre.

—Tout cela est arrivé par ma faute, dit Son Excellence, pendant plusieurs saisons de suite. Mon peu d'application avait dû choquer un homme aussi énergique.

ENLEVÉ

Il y a un flux et un reflux dans les affaires des hommes, et cela, de quelque côté qu'on le prenne, est chose fâcheuse. Par là ils sont jetés sur des plages, sur des baies désertes, où nulle personne respectable ne se soucie de leur rendre visite; vous ne sauriez arrêter la marée, mais parfois, de temps à autre, il dépend de vous d'arrêter un aventurier étourdi qui, hum! ne vous sera guère reconnaissant de vos peines.

(MORALITES, DE VIBART)

Nous sommes une caste supérieure, une race éclairée, et le mariage entre enfants est chose révoltante.

Il en résulte parfois de singulières conséquences.

Néanmoins la manière de voir des Hindous, qui est identique à la manière de voir des gens du continent, identique à la manière de voir primitive,—et qui consiste à arranger des mariages sans avoir égard aux inclinations personnelles des conjoints,—cette manière de voir est juste.

Qu'on y réfléchisse une minute, et l'on verra qu'il doit en être ainsi, à moins, naturellement, que vous ne croyiez aux «affinités».

Et dans ce cas, vous ferez mieux de ne pas lire ce récit.

Un homme qui n'a jamais été marié, un homme auquel on ne peut s'en rapporter pour choisir au premier coup d'œil un cheval de valeur bien ordinaire, un homme dont la cervelle est échauffée et bouleversée par des visions de bonheur domestique, peut-il être abandonné à lui-même pour le choix d'une femme.

Il a beau faire, il ne peut voir droit, penser droit, et tout cela se retrouve dans les imaginations d'une jeune fille.

Mais quand ce sont des gens mûrs, mariés, prudents qui arrangent une union entre un jeune garçon et une fillette, ils le font d'une manière raisonnable, en tenant compte de l'avenir, et par la suite le jeune couple vit heureux.

Chacun sait cela.

Parlons sérieusement.

Le gouvernement devrait établir un ministère matrimonial, pourvu d'un personnel capable, avec un jury de matrones, un juge de cour suprême, un chapelain-doyen, et un avertissement solennel, sous la forme d'un mariage d'inclination ayant mal tourné qui serait enchaîné aux arbres de la cour.

Tous les mariages se feraient par l'intermédiaire de ce ministère, qui pourrait être subordonné à celui de l'éducation, et on y appliquerait la même pénalité que celle dont on est châtié quand on opère un changement de propriété sans un acte sur papier timbré.

Mais le gouvernement se refuse à entendre aucun conseil; il prétend qu'il est trop occupé.

Cela ne m'empêchera pas de consigner mon projet par écrit, et de mentionner l'exemple qui vient éclairer cette théorie.

Il y avait une fois un bon jeune homme,—un fonctionnaire de premier ordre dans son ministère,—un homme qui avait un bel avenir, et dont le nom serait suivi de ces initiales: K. C. I. E.

Tous ses supérieurs disaient du bien de lui, parce qu'il savait retenir sa langue et sa plume en temps opportun.

Il y a, actuellement dans l'Inde, onze personnes seulement qui connaissent ce secret, et tous, un seul excepté, sont arrivés à de grands honneurs, et à d'énormes revenus.

Ce bon jeune homme était tranquille et savait se dominer; il était bien trop vieux pour son âge.

Et c'est une faute qui entraîne toujours avec elle son châtiment.

Si un subalterne, ou le régisseur d'un planteur de thé; si l'un quelconque de ceux qui jouissent de la vie et n'ont pas le souci du lendemain, avaient fait ce qu'il essaya de faire, nul ne s'en serait inquiété. Mais la chute de Peythroppe,—du jeune Peythroppe, si estimable, si vertueux, si économe, si tranquille, si laborieux—causa un grand émoi dans cinq ministères.

Voici comment cette chute se produisit.

Il fit la rencontre d'une miss Castries—le nom était tout d'abord D'Castries, mais la famille avait supprimé le D', pour des raisons administratives, et devenu amoureux d'elle, il le fut avec plus d'énergie encore qu'il n'en mettait à sa besogne.

Entendez-moi bien, il n'y avait pas moyen de dire l'ombre d'un mot contre miss Castries.

Elle était bonne personne, très gracieuse. Elle avait ce teint que les naïfs, en Angleterre, appellent le teint espagnol, avec une épaisse chevelure d'un noir bleu, descendant très bas sur le front, pour former comme une pointe de veuve, de grands yeux de nuance violette, sous des sourcils aussi noirs et aussi droits que les encadrements qu'on voit en marge sur le numéro exceptionnel de la *Gazette*, quand meurt un personnage important.

Mais… Mais… Mais.

Bref, c'était une jeune fille très douce et très pieuse, mais pour bien des raisons, elle était «impossible».

C'était comme cela.

Toutes les bonnes mamans savent ce que veut dire «impossible».

Il était évidemment absurde que Peythroppe l'épousât.

Pourquoi?

Pour le savoir aussi sûr que si la chose eût été imprimée, il suffisait d'avoir vu le petit croissant opalin que miss Castries avait à la racine de ses ongles.

En outre, épouser miss Castries équivalait à épouser un grand nombre d'autres Castries.—Le lieutenant honoraire Castries, son papa, mistress Eulalie Castries, sa maman, et toutes les ramifications de la famille Castries, ayant des revenus qui allaient de 175 à 470 roupies par mois, et qui avaient, elles aussi, des femmes et des parents.

Il en eût moins coûté à Peythroppe de cravacher un commissaire avec un fouet à chiens, ou d'avoir brûlé les papiers d'un bureau de sous-commissaire, que de contracter une alliance avec les Castries.

Cela eût pesé moins lourd sur son avenir,—même sous un gouvernement qui jamais n'oublie, et *jamais* ne pardonne.

Tout le monde, excepté Peythroppe, voyait cela.

Il allait épouser miss Castries,—oui, il allait le faire, étant majeur, pourvu d'un bon revenu, et malheur à la famille qui refuserait ensuite de recevoir mistress Virginie Saulez Peythroppe avec tous les égards dûs au rang de son mari.

Tel était l'ultimatum de Peythroppe, et tout ce qu'on lui représentait à ce sujet le mettait en fureur.

Ces folies soudaines s'attaquent surtout aux gens les plus posés.

Il s'en produisit un cas une fois… mais je vous conterai cela plus tard.

On ne saurait expliquer cette manie qu'en recourant à une théorie diamétralement opposée à celle qu'on professe dans l'endroit où se font les mariages.

Peythroppe mettait de la rage à vouloir s'attacher au cou une meule de moulin, au début de sa carrière, et aucun raisonnement n'avait de prise sur lui.

Il s'était mis en tête qu'il épouserait miss Castries, et c'était une affaire qui ne regardait que lui.

Il vous serait fort obligé, si vous gardiez vos conseils pour vous.

Quand un homme est dans cet état, les paroles ne servent qu'à le rendre plus obstiné dans son projet.

Naturellement, il ne saurait voir que le mariage, dans ces pays lointains, est une affaire du gouvernement et non point une affaire individuelle.

Vous rappelez-vous mistress Hauksbee, la femme la plus extraordinaire qu'il y ait dans l'Inde?

C'est elle qui sauva Pluffles de mistress Reiver, qui fit avoir à Tarrion sa nomination au ministère des affaires étrangères, et qui fut battue en rase campagne par mistress Cusack-Bremmil.

Elle entendit parler de l'état lamentable où se trouvait Peythroppe, et son cerveau conçut aussitôt le plan qui le sauva.

Elle avait la sagesse du serpent, la logique serrée de l'homme, l'intrépidité inconsciente de l'enfant, et la triple intuition de la femme.

Jamais, non jamais, tant qu'un tonga cahotera sur les pentes ardues de Solon, tant que des couples iront en partie équestre, de l'autre côté de la Côte d'Été, il n'y aura jamais de génie comparable à celui de mistress Hauksbee.

Elle assista à la consultation qui eut lieu entre trois hommes sur le cas de Peythroppe, et elle se dressa, passant sur ses lèvres la mèche de sa cravache, et elle parla…

Trois semaines plus tard, Peythroppe dînait avec les trois hommes quand on apporta la *Gazette de l'Inde*.

Peythroppe fut tout surpris d'y lire qu'on lui accordait un mois de congé.

Ne me demandez pas comment cela avait été arrangé.

Je suis fermement convaincu que si mistress Hauksbee le lui commandait, toute l'administration de l'Inde marcherait sur les mains.

Les trois hommes avaient aussi chacun un mois de congé.

Peythroppe mit la *Gazette* dans un coin, et dit de gros mots.

Alors on entendit monter de la clôture, le «pad-pad» assourdi que font les chameaux en marchant, «ces chameaux de voleurs» de la race Bikaneer, qui ne geint et ne hurle pas quand elle se couche et se relève.

Après cela, je ne sais ce qui arriva.

Une seule chose est certaine; c'est que Peythroppe disparut,—qu'il s'évanouit comme de la fumée,—et que la chaise longue avec des appuis pour les pieds, qui se trouvait chez les trois hommes, fut brisée en morceaux.

En même temps un lit disparut d'une des chambres à coucher.

Mistress Hauksbee dit que M. Peythroppe était allé chasser avec les trois hommes dans le Radjputana.

Nous fûmes donc forcés de la croire.

A la fin du mois, on vit dans la *Gazette* que le congé de Peythroppe était prolongé de vingt jours, mais il y eut de la colère et des lamentations chez les Castries.

Le jour du mariage avait été fixé, mais le futur ne revint jamais.

Les D'Silvas, les Pereiras, les Ducketts élevèrent la voix et raillèrent le lieutenant honoraire Castries de s'être laissé berner de la manière la plus basse.

Mistress Hauksbee alla au mariage et fut fort étonnée de voir que Peythroppe ne reparaissait pas.

Au bout de sept semaines, Peythroppe et les trois hommes revinrent du Radjputana.

Peythroppe était endurci, raffermi, assez blanc, et plus maître que jamais de lui-même.

Un des trois hommes avait sur le nez une coupure, produite par le recul d'un fusil.

Les fusils de douze ont un recul assez curieux.

Alors le lieutenant honoraire Castries se présenta, assoiffé du sang de son perfide gendre, qui n'avait pas voulu l'être.

Il tint des propos—des propos vulgaires «impossibles»—où perçait l'être sans éducation, sorti des rangs, et devenu un *honoraire*.

Je m'imagine qu'alors les yeux de Peythroppe se dessillèrent.

Quoi qu'il en soit, il garda son calme jusqu'à la fin, et dit alors quelques mots d'un ton bref.

Le lieutenant honoraire Castries ne cherchait qu'un «clou» pour accrocher son parti de mourir ou d'intenter un procès pour rupture de promesse.

Miss Castries était une excellente fille. Elle déclara qu'elle ne voulait point d'un procès pour rupture d'engagement.

Elle dit que si elle n'était point une dame, elle était assez civilisée pour savoir que les dames gardaient le secret de leur cœur brisé, et comme elle gouvernait ses parents, la chose n'eut pas de suites.

Plus tard, elle épousa un personnage très honorable et très distingué.

Il voyageait pour le compte d'une entreprenante maison de Calcutta, et il avait tout ce qu'il faut pour faire le meilleur des maris.

En conséquence, Peythroppe rentra dans son état d'esprit ordinaire. Il travailla beaucoup et fut estimé de tous ceux qui le connaissaient.

Un de ces jours, il se mariera, mais il épousera une charmante jeune fille blanche et rose, qui se trouvera sur la liste des personnes qu'on invite au palais du gouvernement, qui aura un peu d'argent et quelques parents influents, ainsi que doit faire tout homme prudent.

Et jamais de sa vie il ne lui racontera ce qui s'est passé pendant sa partie de chasse de sept semaines dans le Radjputana.

Mais songez donc à ce qu'il a fallu de peines et de dépenses,—car la location d'un chameau coûte cher, et ces animaux de la race Bikaneer mangeaient comme des hommes; et tout cela aurait été économisé s'il avait existé un ministère des mariages, bien dirigé, sous le contrôle du directeur de l'instruction publique, mais correspondant directement avec le vice-roi.

L'ARRESTATION DU LIEUTENANT LÉTOURDI

—*J'ai oublié le mot de passe, qu'il dit.*

—*Ah! vraiment, vous avez oublié? Il a oublié, que je dis.*

—*Mais je suis le colonel, qu'il fait.*

—*Oh vous l'êtes, n'est-ce pas? que je fais. Colonel ou pas colonel, vous allez attendre ici jusqu'à ce qu'on me relève et que le sergent fasse son rapport sur votre vieille laide bobine.*

Eh bien! sur mon âme, c'était le colonel en personne. Mais à cette époque-là, je n'étais qu'une recrue.

(AUTOBIOGRAPHIE INEDITE DU
SIMPLE SOLDAT ORTHERIS)

S'il était une chose dont Létourdi tirât vanité plus que de toute autre, c'était d'avoir l'air d'un officier et d'un gentleman. Il disait que c'était par respect pour le service qu'il mettait tant de soin à sa toilette, mais ceux qui le connaissaient le mieux disaient que c'était seulement parce qu'il était vain de sa personne.

Il n'y avait rien de mauvais chez Létourdi,—pas une once. Il reconnaissait un cheval, quand il en voyait un, et il pouvait faire quelque chose de plus que de bien se tenir en selle.

Il jouait franc jeu au billard, et c'était un partenaire digne de confiance au whist.

Tout le monde avait de l'affection pour lui, et jamais nul n'aurait cru, même en rêve, qu'un jour on le verrait sur une plate-forme, les menottes aux mains, comme déserteur.

Et pourtant cette triste chose arriva.

Il revenait de Dalhousie à la fin de son congé, et descendait la route à cheval.

Il avait profité de son congé jusqu'à la dernière minute, et il était extrêmement pressé de retourner à son poste.

Il faisait très chaud à Dalhousie, et sachant ce qui l'attendait là-bas, il avait pris un uniforme complet en khaki, tout neuf, très ajusté, d'une délicate couleur olive; une cravate bleue à reflets changeants, un col blanc, et un casque *solah* blanc comme la neige.

Il se faisait un point d'honneur d'avoir l'air bien habillé, même quand il courait la poste.

Et il avait l'air bien habillé; il était si préoccupé de sa tournure, qu'avant son départ il avait oublié de prendre autre chose qu'un peu de menue monnaie. Il avait laissé tous ses billets de banque à l'hôtel.

Ses domestiques étaient partis en avant sur la route, pour être prêts à le recevoir, à Pathankote, avec un nouveau complet.

C'est là ce qu'il appelait voyager avec un petit train.

Il était fier de son talent d'organisateur, de ce que nous appelons *bundobust*.

A vingt-deux milles de Dalhousie, il commença à pleuvoir.

Ce n'était pas un simple orage de montagne, mais un vrai déluge d'eau tiède, comme dans les pays à moussons.

Létourdi poussa en avant, en regrettant de n'avoir pas pris un parapluie.

La poussière des routes devint de la fange, et le poney s'embourba sérieusement; il en fut de même pour les guêtres de khaki, que portait Létourdi, mais il tint bon, et fit de son mieux pour s'imaginer que la fraîcheur était agréable.

Le poney qui lui échut ensuite était vicieux au départ, et comme la pluie rendait les mains de Létourdi glissantes, l'animal réussit à se débarrasser de lui à un tournant.

Létourdi lui fit la chasse, le rattrapa et se remit en route d'un bon train.

L'averse n'avait point fait bon effet sur ses habits ni sur son humeur, et il avait perdu un éperon. Il ne laissa pas l'autre inactif.

A ce moment l'étape était finie; le poney avait pris autant d'exercice qu'il lui en fallait, et malgré la pluie, Létourdi suait abondamment.

A la fin d'une autre fâcheuse demi-heure, Létourdi crut voir l'univers entier se dissoudre devant ses yeux en une pulpe visqueuse.

La pluie avait transformé le haut de son vaste casque blanc *solah*, en une pâte mal odorante, et il s'était refermé sur sa tête, comme un champignon à demi ouvert. La doublure verte commençait aussi à se décoller.

Létourdi ne dit rien, qui mérite d'être rapporté ici.

Il arracha ou remonta tout le rebord qui lui retombait sur les yeux, et poursuivit sa route pénible.

Le derrière de son casque lui battait dans le cou; les deux côtés adhéraient à ses oreilles, mais le ruban de cuir, et la doublure verte continuaient à maintenir tant bien que mal tous les morceaux, de sorte que le chapeau, tout en flottant, ne s'était pas tout à fait fondu.

Bientôt la pâte et l'étoffe verte formèrent une sorte de moisissure visqueuse qui se répandit sur Létourdi dans plusieurs directions, soit sur son dos, soit sur sa poitrine, à son choix.

La teinture de khaki s'épancha aussi,—c'était vraiment une teinture de bien mauvaise qualité, de sorte qu'il était partiellement peint en brun, avec des plaques violettes, des contours couleur d'ocre, des bandes d'un rouge de rouille, avec des parties presque blanches, suivant la nature et les particularités de la teinture.

Lorsqu'il tira son mouchoir pour essuyer sa figure, la couleur verte de la doublure, et la couleur pourpre qui avait filtré de sa cravate jusque dans son cou, se mêlèrent; le résultat fut étonnant.

Aux environs de Dhar, la pluie cessa. Le soleil de la soirée se montra et le sécha un peu, mais en même temps il fixa les couleurs.

A trois milles de Pathankote le dernier poney se mit à boiter sans remède, et Létourdi fut forcé d'aller à pied. Il poussa jusque dans Pathankote pour y trouver ses domestiques.

Il ne se doutait pas alors que son *khitmatgar* s'était arrêté au bord de la route pour boire, et reparaîtrait le lendemain en disant qu'il s'était fait une entorse.

Quand il fut entré à Pathankote, il ne put trouver ses domestiques. Il avait ses bottines raidies et couvertes par la boue, et celle-ci s'étalait sur une grande partie de son vêtement.

La cravate bleue avait déteint autant que le khaki.

Aussi l'enleva-t-il avec le col pour les jeter.

Alors il dit quelques mots qui s'appliquaient aux domestiques en général, et tâcha de trouver un endroit où se mettre.

Il paya huit annas pour un verre de quelque chose, et s'aperçut à cet instant qu'il lui restait six annas dans la poche, c'est-à-dire qu'en sa situation, il était seul au monde avec six annas.

Il alla trouver le chef de gare pour tâcher d'obtenir un billet de première classe pour Khasa, où il était en garnison.

L'employé de la distribution dit un mot au chef de gare; le chef de gare dit un mot à l'employé du télégraphe, et tous trois le regardèrent avec curiosité.

Il le prièrent d'attendre une demi-heure, pendant qu'ils consulteraient l'autorité à Umritsar.

Il attendit donc, et ce furent quatre constables qui vinrent et se groupèrent d'une façon pittoresque autour de lui.

Et au moment même où il allait leur dire de s'en aller, le chef de gare lui dit qu'il donnerait un billet pour Umritsar, au *sahib*, si le sahib voulait bien entrer dans le bureau de l'enregistrement.

Létourdi y entra donc, et la première chose qu'il vit c'est qu'il avait un constable attaché à chaque bras et à chaque jambe, et que le chef de gare essayait de lui mettre sur la tête un sac à dépêches.

Il en résulta une mêlée assez réussie dans le bureau d'enregistrement, où Létourdi se fit une forte entaille au-dessus de l'œil, en tombant contre une table. Mais ces constables vinrent à bout de lui, et le chef de gare lui mit les menottes solidement.

Dès qu'il fut coiffé du sac à dépêches, il se mit à sacrer ce qu'il pensait, et le constable-chef dit:

—Sans aucun doute, c'est le soldat anglais que nous cherchions. Entendez-vous les gros mots?

Alors Létourdi demanda au chef de gare ce que signifiait un traitement pareil, un traitement aussi indigne.

Le chef de gare lui répondit qu'il était le soldat John Binkle du ***me régiment, cinq pieds neuf pouces, cheveux blonds, yeux gris, tenue en désordre et pas de signes extérieurs, qui avait déserté quinze jours auparavant.

Létourdi se mit à donner de longues explications; mais plus il en donnait, moins le chef de gare le croyait.

Il répondait que jamais lieutenant n'avait eu l'air aussi bandit que Létourdi, et qu'il avait pour instruction d'expédier son prisonnier sous bonne garde à Umritsar.

Létourdi souffrait de l'humidité, était fort mal à son aise. Les termes dont il se servit ne sont pas de nature à être publiés, même sous forme expurgée.

Les quatre constables le mirent dans un compartiment de troisième classe, et il passa ses vingt-quatre heures de trajet à les injurier avec autant de volubilité que le lui permettait sa connaissance du langage courant.

A Umritsar, on fit de lui un paquet bien ficelé qu'on déposa sur une plate-forme, grâce aux bras d'un caporal et de deux hommes du ***me régiment.

Létourdi se redressa et tâcha de se tirer d'affaire en prenant un air supérieur.

Il n'avait guère l'air supérieur, avec ses menottes, quatre constables derrière lui, et le sang de sa coupure qui s'était coagulé sur sa joue gauche.

Le caporal n'avait pas non plus l'air de plaisanter.

Létourdi alla bien jusqu'à ces mots: «Les amis, c'est une méprise des plus absurdes», mais arrivé là, le caporal lui enjoignit de «fermer ça» et de marcher.

Létourdi n'avait aucune disposition à marcher; il demanda à s'arrêter, à s'expliquer.

Il s'expliquait fort bien, en effet, quand le caporal y coupa court en disant:

—Vous, un officier! Ce sont des gens de votre espèce qui déshonorent les gens comme *nous*. En voilà un officier! il est beau, l'officier! Je le connais votre régiment. La marche des Canailles, voilà le pas accéléré qui vous a amené ici. Vous êtes une honte pour l'armée!»

Létourdi se calma, et voulut recommencer ses explications depuis le point de départ.

Alors on le ramena sous la pluie jusqu'à la cantine, et on lui recommanda de ne pas faire l'imbécile.

Les hommes devaient le conduire de là au fort Govingdhar, et la conduite en question, n'était guère plus solennelle que la Marche de la Grenouille.

Létourdi faillit devenir fou de rage, de froid, du malentendu, des menottes et du mal de tête que lui causait sa coupure au front.

Il se mit donc en devoir de dire tout ce qu'il avait dans l'esprit.

Quand il eut tout dit jusqu'au dernier mot, et qu'il eut la gorge sèche, un des hommes s'expliqua:

—J'ai bien entendu des vagabonds derrière les barreaux du violon, faire des poses et jacasser, mais je n'en ai jamais entendu un qui fut de la force de cet *officier*.

Ils ne s'en fâchaient point; ils avaient plutôt de l'admiration pour lui.

Ils prirent quelques verres de bière à la cantine, et en offrirent à Létourdi, parce qu'il avait juré d'une façon étonnante.

Ils lui demandèrent de lui raconter tout ce que le soldat John Binkle avait fait, depuis qu'il avait pris la clef des champs, et cela irrita Létourdi, encore plus que tout le reste.

S'il avait conservé quelque présence d'esprit, il se serait tenu tranquille jusqu'à l'arrivée d'un officier, mais il tenta de s'enfuir.

Or, un coup de la crosse d'un Martini qu'on reçoit à la chute des reins vous fait grand mal et du khaki moisi, détrempé par la pluie se déchire facilement, quand deux hommes vous secouent par le collet.

Létourdi se releva, éprouvant grand mal au cœur, et un fort vertige, avec sa chemise déchirée sur sa poitrine, et presque sur toute la longueur de son dos.

Il céda à la fortune, au moment même où le train descendant de Lahore arriva amenant un de ses majors.

Voici *in extenso* la déposition du major:

«Il y avait un bruit de lutte dans la salle du buffet de la seconde classe; j'y suis entré, et j'ai vu le plus affreux vagabond que j'aie jamais rencontré.

«Ses bottines et ses guêtres étaient couvertes de boue et de taches de bière.

«Il avait sur la tête une sorte de tas de fumier d'un blanc sale, qui pendait en lambeaux sur ses épaules fortement égratignées.

«Il était à moitié couvert d'une chemise presque fendue en deux morceaux, et il demandait à la garde de regarder le nom, qui était marqué sur le pan.

«Comme il avait tiré sa chemise par-dessus sa tête, je ne pus tout d'abord voir qui il était, mais je m'imaginai que c'était un soldat qui était dans le premier cas de désertion, d'après les jurons qu'il lançait en se débattant dans ses guenilles.

«Quand il se fut retourné, et que j'eus tenu compte d'une bosse aussi grosse qu'un pain au jambon, qu'il avait au-dessus d'un œil, de quelques plaques vertes de peinture de guerre qu'il avait sur la figure, et des quelques raies violettes qui lui zébraient les épaules, je vis que c'était Létourdi.

«Il fut très heureux de me voir, ajoutait le major, et il me déclara qu'il espérait que je ne soufflerais mot de l'affaire au mess.

«Je n'en ai rien dit, mais vous pouvez le faire, si cela vous plaît, maintenant que Létourdi est retourné au pays.»

Létourdi passa une grande partie de cet été à faire des démarches pour qu'on traduisît en cour martiale le caporal et les deux soldats pour avoir arrêté «un officier et un gentleman».

Naturellement, ils étaient navrés de leur erreur.

Mais l'histoire se fit jour jusqu'à la cantine du régiment, et de là elle fit le tour de la province.

DANS LA MAISON DE SUDDHOO

Éloignez-vous à un jet de pierre sur la droite et sur la gauche de cette route bien entretenue où nous marchons et aussitôt l'univers prend un aspect farouche, étrange. Churel et goule, et djinn et esprit nous tiendront compagnie cette nuit, car nous voici arrivés au plus vieux des pays, à celui que parcourent en liberté les puissances des ténèbres.

(DU CREPUSCULE DU SOIR AU
CREPUSCULE DU MATIN)

La maison de Suddhoo, tout près de la porte de Taksali, a un étage, avec quatre fenêtres en vieux bois brun sculpté, et un toit plat.

Vous pouvez la reconnaître à cinq annonces rouges imprimées à la main et disposées comme le cinq de carreau sur le badigeon, entre les fenêtres du haut.

Bhagwan-Dass l'épicier et un homme qui, dit-il, gagne sa vie à graver des cachets, habitent au rez-de-chaussée, avec leur bande d'épouses, de domestiques, d'amis et de familiers.

Les deux chambres d'en haut étaient ordinairement occupées par Janoo et Azizun, ainsi que par un petit terrier noir et tan, qui avait été volé à un Anglais et donné à Janoo par un soldat.

Aujourd'hui il ne reste plus que Janoo dans les chambres d'en haut.

Suddhoo couche généralement sur le toit, à moins qu'il ne dorme dans la rue, mais, dans la saison froide, il va d'habitude à Peshawar rendre visite à son fils qui vend des curiosités près de la porte d'Edwardes; et alors il dort sous un vrai toit de terre.

Suddhoo est mon grand ami, parce que son cousin a un fils qui, grâce à ma recommandation, a obtenu un emploi de messager en chef dans une grosse maison de la localité.

Suddhoo dit que Dieu fera de moi un de ces jours, un lieutenant-gouverneur, et j'ose croire que sa prédiction se réalisera.

Il est très, très vieux; il a les cheveux blancs; si peu de dents que ce n'est pas la peine d'en parler.

Il a survécu à son intelligence; il a survécu en somme à toutes ces choses, excepté à son affection pour son fils de Peshawar.

Janoo et Azizun sont des Kashmiriennes, honnêtes dames de la cité. Leur profession était fort ancienne, et plus ou moins honorable; mais Azizun a depuis épousé un étudiant en médecine du Nord-Ouest. Elle s'est rangée et elle mène aujourd'hui une vie des plus convenables, quelque part aux environs de Bareilly.

Bhagwan-Dass est un usurier et un faussaire.

Quant à l'homme qui prétend gagner sa vie à graver des cachets, il se donne pour très pauvre.

Maintenant vous en savez autant qu'il est nécessaire sur les quatre principaux habitants de la maison de Suddhoo.

Naturellement il y a encore moi, mais je ne joue que le rôle du chœur qui vient au dernier moment donner l'explication des événements.

De sorte que je ne compte pas.

Suddhoo n'était pas malin.

L'homme qui se donnait pour un graveur de cachets était le plus malin de tous ces gens-là,—excepté Janoo.

Quant à Bhagwan-Dass, il ne savait que mentir.

Janoo avait en outre la beauté, mais cela c'était son affaire.

Le fils que Suddhoo avait à Peshawar fut atteint de pleurésie, et le vieux Suddhoo conçut de l'inquiétude.

Le graveur de cachets apprit l'anxiété de Suddhoo, et se résolut à la monnayer.

Il était en avance sur son temps. Il s'arrangea avec un compère de Peshawar pour se faire télégraphier jour par jour l'état de santé du fils.

Et c'est ici que l'histoire commence.

Un soir, le cousin de Suddhoo m'informa que Suddhoo désirait me voir, qu'il était trop vieux et trop faible pour venir lui-même, et que si j'allais lui rendre visite, je ferais à la maison de Suddhoo un honneur éternel.

J'y allai, mais je pense que vu la grande distance où était alors Suddhoo, qu'il aurait bien pu envoyer un autre véhicule qu'une ekka qui cahotait terriblement, quand il s'agissait d'amener un futur lieutenant-gouverneur, par une soirée de brouillard en avril.

L'ekka ne courait pas très vite.

Il était nuit noire quand nous nous trouvâmes devant l'entrée de la tombe de Runjet Singh, près de la porte principale du fort.

Là on trouva Suddhoo.

Il dit qu'à en juger par ma condescendance, il était absolument certain que je deviendrais lieutenant-général, avant que mes cheveux eussent cessé d'être noirs.

Puis nous causâmes du temps qu'il faisait, de ma santé, des récoltes de blé, pendant un quart d'heure, dans le Hazuri Bagh, sous les étoiles.

A la fin, Suddhoo se décida à aborder le sujet.

Il dit que Janoo l'avait informé que le *Sirkar* avait lancé un ordre interdisant la magie, parce qu'on craignait que la magie n'en arrivât tôt ou tard à faire périr l'Impératrice des Indes.

Je n'étais pas au courant de la législation sur ce sujet, mais je m'imaginai qu'il allait advenir quelque chose d'intéressant.

Je hasardai donc que la magie, loin d'être blâmée par le gouvernement, était hautement recommandée par lui.

Les fonctionnaires les plus élevés de l'État la pratiquaient.

Si l'exposé financier n'est pas de la magie, je ne sais pas ce que c'est.

Alors pour l'encourager dans ses confidences, je lui dis que s'il se tramait quelque *jadoo*, je n'hésiterais aucunement à y donner mon appui et ma sanction, pourvu que ce fût du *jadoo* pur, de la magie blanche, et non pas du *jadoo* impur, qui fait périr les gens.

Il fallut longtemps pour faire avouer à Suddhoo que c'était précisément là le motif pour lequel il m'avait fait venir.

Alors il me dit, par saccades, et d'une voix tremblante que le soi-disant graveur de cachets était un sorcier de l'espèce la plus pure; que chaque jour il donnait à Suddhoo des nouvelles de son fils, le malade de Peshawar, plus vite que l'éclair ne volait, et que ces nouvelles étaient toujours confirmées par les lettres.

Il me dit de plus que le sorcier avait appris à Suddhoo qu'un grand danger menaçait son fils, danger qui pouvait être écarté par du *jadoo* pur, et naturellement par une grosse somme d'argent.

Je commençais à entrevoir exactement ce qui se passait, et je dis à Suddhoo que moi aussi je me connaissais un peu en *jadoo* à la façon occidentale, et que j'irais chez lui pour veiller à ce que tout se passât décemment et avec ordre.

Nous partîmes ensemble.

En route, Suddhoo me dit qu'il avait déjà payé au graveur de sceaux entre cent cinquante et deux cents roupies, et que le *jadoo* de cette nuit-ci lui en coûterait deux cents de plus.

—C'était à bon compte, disait-il, vu le danger que courait son fils, mais je ne crois pas que ce fût son véritable avis.

Toutes les lumières étaient voilées sur la façade de la maison, quand nous arrivâmes.

J'entendais fort bien des bruits terribles qui partaient de derrière la boutique qu'occupait sur la rue le graveur de sceaux.

On eût dit un homme occupé à rendre l'âme à force de geindre.

Suddhoo frissonnait de la tête aux pieds, et pendant que nous montions à tâtons l'escalier, il me dit que le *jadoo* était déjà commencé.

Janoo et Azizun nous reçurent du haut des marches et nous dirent que les opérations du *jadoo* avaient lieu dans leur chambre, parce qu'il y avait plus de place.

Janoo est une dame d'un esprit frondeur.

Elle dit à demi-voix que le *jadoo* était une invention pour soutirer de l'argent à Suddhoo, et que le graveur de sceaux serait logé, après sa mort, dans un endroit où il ferait chaud.

Suddhoo était sur le point de pleurer de crainte et de vieillesse.

Il ne cessait d'aller et venir dans la chambre à demi éclairée, de répéter à chaque instant le nom de son fils, et de demander à Azizun, si le graveur de sceaux ne pourrait pas faire un rabais quand il avait affaire à son propriétaire.

Janoo m'attira dans l'ombre du coin où étaient les fenêtres sculptées de la tourelle d'angle.

Les lames des persiennes étaient remontées, la chambre n'était éclairée que par une toute petite lampe à huile, et en me tenant immobile je ne courais pas risque d'être vu.

Bientôt les gémissements cessèrent au rez-de-chaussée, et nous entendîmes des pas qui montaient les marches.

C'était le graveur de sceaux.

Il s'arrêta devant le seuil, pendant que le terrier aboyait, et qu'Azizun défaisait la chaîne; il dit à Suddhoo d'éteindre la lampe.

Il en résulta que la chambre fut plongée dans des ténèbres noires comme du jais, où on distinguait tout juste la lueur rouge des deux *hukas*[18] de Janoo et d'Azizun.

[18] Pipes à tuyaux souples.

Le graveur de cachets entra, et j'entendis Suddhoo se jeter à terre en gémissant.

Azizun retenait son souffle, et Janoo s'appuyait sur un des lits, en frissonnant.

On entendit un tintement de métal, et on vit s'élever du sol une pâle flamme d'un bleu verdâtre.

On y voyait juste assez pour apercevoir Azizun blottie dans un coin de la pièce, avec le terrier entre ses genoux; et Janoo les mains jointes, penchée en avant, tout en étant assise sur le lit, et Suddhoo, la face contre terre, tout tremblant, et le graveur de sceaux.

J'espère ne jamais revoir un homme semblable à ce graveur de sceaux. Il était nu jusqu'à la ceinture, et avait sur la tête une couronne de jasmin blanc aussi épaisse que mon poing, un pagne de couleur saumon autour des reins, et des anneaux d'acier à chaque cheville.

Cela n'avait rien de bien effrayant. Mais c'était la figure de cet homme qui me faisait froid dans le dos.

Tout d'abord elle était d'un bleu tirant sur le gris. En second lieu les yeux étaient retournés de telle sorte qu'on n'en voyait plus que le blanc. En troisième lieu ses traits étaient ceux d'un démon, d'une goule, de tout ce que vous voudrez, excepté ceux du vieux coquin brillant de santé, à peau huileuse, que l'on voyait en plein jour manœuvrant son tour, au rez-de-chaussée.

Il était étendu à plat ventre, les bras retournés et croisés sur son dos, comme si on l'avait jeté à terre tout ligoté.

Sa tête et son cou étaient les seules parties de son corps qui ne touchaient pas le sol. Elles faisaient presque un angle droit avec le corps, comme la tête d'un cobra qui va bondir.

C'était d'un fantastique terrifiant.

Au centre de la pièce, sur le sol de terre nue, était posé un large et profond bassin de cuivre au centre duquel flottait une lueur d'un bleu vert pâle, comme celle d'un feu follet.

L'homme fit trois fois le tour de ce bassin au moyen de contorsions du corps.

Comment y parvint-il, je ne sais.

Je voyais bien les muscles onduler le long de l'épine dorsale, et se déprimer ensuite, mais je n'apercevais aucun autre mouvement.

On eût dit qu'il n'y avait plus dans ce corps que la tête de vivante, avec les phases lentes de soulèvement et d'affaissement des muscles du dos qui travaillaient péniblement.

Janoo, assise sur le lit, respirait soixante-dix fois par minute.

Le vieux Suddhoo, cherchant de ses doigts la boue qui était entrée dans sa barbe blanche, pleurait tout seul.

Ce qu'il y avait d'horrible dans tout cela, c'était cette chose qui rampait, rampait,—sans bruit, et qui rampait toujours.

Et puis, souvenez-vous que cela dura bien dix minutes, pendant lesquelles le terrier gémissait, Azizun frissonnait, Janoo regardait bouche béante, et Suddhoo pleurait.

Je sentais mes cheveux se dresser sur ma nuque et mon cœur battre comme la palette d'un appareil anticalorique.

Heureusement le graveur de sceaux se trahit par son tour de force le plus propre à faire impression, et me rendit ainsi tout mon calme.

Après avoir terminé ce triple voyage circulaire d'un genre si nouveau, il redressa la tête en l'écartant du sol autant qu'il put, en lançant par les narines un jet de flamme.

Or, je sais comment ce jet de flamme s'exécute, je suis en état de le faire;—je me sentis donc rassuré.

Tout était donc une supercherie.

S'il s'en était tenu à cette reptation, sans essayer d'augmenter son effet, que n'aurais-je pas cru? Dieu le sait.

Les deux demoiselles poussèrent en même temps un cri aigu, en voyant ce jet de flamme, et la tête retomba heurtant le sol du menton, et tout le corps étendu comme un cadavre dont on aurait ramené les bras en arrière.

Il y eut ensuite une pause de cinq bonnes minutes, et la flamme bleu-verdâtre s'éteignit.

Janoo se baissa pour remettre en place un des anneaux de sa cheville pendant que Azizun se tournait la figure contre le mur, en serrant le terrier entre ses bras.

Suddhoo étendit machinalement un bras vers le *huka* de Janoo, qui le fit glisser sur le sol avec son pied.

Juste au-dessus du corps, sur le mur, il y avait deux portraits de couleurs criardes, dans des cadres de carton en relief, représentant la reine et le prince de Galles.

Tous deux contemplaient l'opération, et il me semblait que cela concourait à rendre la cérémonie plus grotesque.

Au moment même où le silence commençait à devenir insupportable, le corps se retourna, et s'éloigna du bassin en roulant sur lui-même jusqu'à un côté de la pièce où il s'arrêta, allongé sur le dos.

Il y eut un léger bruit «plop» dans le bassin, tout à fait comme celui que produit un poisson quand il attrape une mouche, et la lueur verte, qui avait paru au milieu, se montra de nouveau.

Jetant les yeux sur le bassin, j'y vis une tête d'enfant indigène, avec les gros yeux saillants, sa peau du crâne séchée, ratatinée, noircie, les yeux ouverts, la bouche ouverte, le crâne-rasé.

Et comme la chose s'était faite brusquement, elle faisait un effet plus effrayant que le voyage sur le ventre.

Nous n'eûmes pas le temps de réfléchir, que cette tête se mit à parler.

Relisez le récit où Poë vous fait entendre la voix de l'homme qui meurt magnétisé, et vous n'aurez au plus que la moitié de la sensation d'horreur que causait la voix partant de cette tête.

Il y avait un intervalle d'une ou deux secondes entre chacun des mots, et une sorte de vibration, prolongée comme le son d'une cloche, dans le timbre de la voix.

Elle tintait lentement, comme si elle se parlait à elle-même, et il me fallut plusieurs minutes pour me délivrer de la sueur froide qu'elle me causait.

Alors la solution qui m'apportait la délivrance m'apparut.

Je regardai le corps étendu près de la porte, et je vis se mouvoir par saccades, juste à l'endroit où la dépression claviculaire se confond avec l'épaule, un muscle qui n'intervient jamais dans la respiration régulière de l'homme.

Tout cela était une reproduction soignée de ces téraphins égyptiens qu'on trouve mentionnés çà et là. La voix était le résultat d'un ventriloquisme aussi parfait, aussi terriblement habile qu'on pouvait le désirer.

Pendant tout ce temps, la tête continuait à résonner en faisant vibrer les flancs du bassin, et à parler.

Elle s'adressait à Suddhoo, toujours geignant la face contre terre, en parlant de la maladie de son fils, et lui disant dans quel état il serait ce soir même.

J'aurai toujours quelque estime pour le graveur de cachets, à raison du soin qu'il mettait pour rester d'accord avec les dépêches de Peshawar.

La voix se remit à dire que des médecins expérimentés veillaient jour et nuit sur la vie de son homme, et qu'il guérirait bientôt, à la condition de doubler la somme convenue avec le sorcier tout-puissant qui avait à son service la tête placée dans le bassin.

C'était alors que se produisit l'erreur qui gâtait l'effet artistique.

Demander qu'on doublât la somme convenue, et emprunter pour cela la voix de Lazare qui sort du tombeau, c'est absurde.

Janoo, femme qui a réellement une intelligence masculine, vit cela aussi promptement que moi.

Je l'entendis dire d'un ton dédaigneux, quoiqu'à demi-voix: «*Asli nahin! Fareib*» et au moment même où elle disait ces mots, la lueur du bassin s'éteignit, la tête se tut, et nous entendîmes la porte de la chambre crier sur ses gonds.

Aussitôt Janoo enflamma une allumette, ralluma la lampe, et nous vîmes que tout avait disparu, la tête, le bassin, et le graveur de cachets.

Suddhoo se tordait les mains, et expliquait à qui voulait l'entendre que quand même il s'agirait de son salut éternel, il lui serait impossible de trouver deux cents roupies de plus.

Azizun était près d'avoir une crise de nerfs dans le coin, tandis que Janoo, tranquillement assise sur le lit, était prête à discuter la probabilité que toute l'affaire se réduisait à un *bunao*, c'est-à-dire à une supercherie.

J'expliquai dans la mesure de mes connaissances les procédés employés par le graveur de cachets, mais son argument, à elle, était bien plus simple.

—La magie qui persiste à demander des présents n'est pas de la vraie magie, disait-elle. Ma mère m'a appris que les seuls enchantements amoureux qui aient du pouvoir sont ceux qu'on vous fait connaître par simple affection. Ce graveur de cachets est un fourbe, un diable. Je n'ose pas parler, ni agir, ni faire agir un autre, parce que je dois à Bhagwan-Dass de l'argent pour deux anneaux d'or, et un gros bracelet de chevilles. Il faut que je fasse venir ma nourriture de sa boutique. Le graveur de cachets est l'ami de Bhagwan-Dass, et il empoisonnerait ma nourriture. Voilà dix jours qu'on a mis en train un *jadoo* d'escroquerie, et chaque soir, cela a coûté à Suddhoo bien des roupies. Jusqu'à présent, le graveur de cachets employait des poules noires et des citrons, et des mantras[19]. Il ne nous a jamais rien fait voir de pareil à ce qu'il a fait cette nuit. Azizun est une sotte, et bientôt elle sera bonne à faire une *purdah-nashin*[20]. Suddhoo n'a plus ni force ni intelligence. Voyez-vous, j'avais espéré que je tirerais de Suddhoo bien des roupies pendant sa vie, et bien plus encore après sa mort, et voilà qu'il dépense tout au profit de ce métis d'un diable et d'une ânesse, de ce graveur de cachets.

[19] Formules magiques rituelles.

[20] Femme de harem.

En cet endroit, je l'interrompis:

—Mais qu'est-ce qui a décidé Suddhoo à me fourrer dans l'affaire? Je n'aurais qu'à dire un mot au graveur de sceaux et je le forcerais à dégorger. Tout cela est de l'enfantillage. C'est honteux, cela n'a pas le sens commun.

—Suddhoo est un vieil enfant, dit Janoo. Il a logé sur les toits pendant soixante-dix ans, et il n'a pas plus de raison qu'une chèvre laitière. S'il vous a amené ici, c'est pour être certain qu'il ne serait point en contravention avec un règlement quelconque du Sirkar, dont il a mangé le sel il y a bien des années. Il se prosterne dans la poussière sur les traces du graveur de cachets, et ce mangeur de vache lui a défendu d'aller voir son fils. Est-ce que Suddhoo sait quelque chose de vos lois, pas plus que du paratonnerre? Faut-il que je voie son argent s'en aller pièce par pièce, sous l'influence de la bête menteuse qui vit là-dessous?

Janoo frappa violemment du pied sur le sol, tant elle était colère, pendant que Suddhoo geignait sous une couverture, dans un coin, et qu'Azizun essayait de mettre dans la bouche de ce vieil imbécile, le bout de sa pipe.

Donc, voici où en est l'affaire.

Sans m'en douter, je me suis exposé à l'accusation d'avoir, de complicité avec le graveur de sceaux, tenté d'obtenir de l'argent pour des motifs chimériques, ce qui est interdit par l'article 420 du code de l'Inde.

Je ne puis rien faire pour plusieurs raisons.

Je ne puis informer la police.

Quels témoins aurais-je pour confirmer mes dires?

Janoo refuse tout net.

Azizun est une femme voilée quelque part aux environs de Bareilly, perdue dans cette Inde immense qu'est notre domaine.

Je n'ose pas me faire de moi-même l'exécuteur de la loi, et parler du graveur de cachets, car j'en suis absolument certain, non seulement Suddhoo refuserait de me croire, mais encore cette démarche aboutirait à faire empoisonner Janoo, qui est en quelque sorte, pieds et poings liés à la discrétion du *bunnia*.

Suddhoo est un vieux radoteur, et chaque fois que nous nous rencontrons il me marmotte ma plaisanterie idiote que le Sirkar a des faveurs pour la magie plutôt que de l'aversion.

Son fils est remis maintenant, mais Suddhoo est entièrement sous l'influence du graveur de cachets, dont il prend l'air pour régler toutes les affaires de sa vie.

Janoo voit filer entre les mains du graveur de cachets tout l'argent qu'elle espérait soutirer à Suddhoo et chaque jour la rend plus colère, plus boudeuse.

Elle ne dira jamais rien, parce qu'elle n'ose pas. Mais si rien ne contrarie ses désirs, je crains bien que le graveur de cachets ne meure du choléra,— sous les espèces de l'arsenic blanc,—vers le milieu de mai.

Et c'est ainsi que je me trouverai complice d'un meurtre dans la maison de Suddhoo.

SA FEMME LÉGITIME

Criez au meurtre au milieu du marché et chacun de se retourner vers la face anxieuse de son voisin, face qui dit: «Est-ce toi le meurtrier?» Nous avons pourchassé Caïn, il y a quelques siècles de cela, à travers le monde. Et c'est de là que nous vient la peur qu'entretiennent nos propres méfaits de notre temps même.

(MORALITES, DE VIBART)

Shakespeare parle quelque part de vers, à moins que ce ne soit de géants ou d'insectes,—qui se retournent quand vous leur marchez dessus trop brutalement.

Ce qu'il y a de plus sûr, c'est de ne point mettre le pied sur un ver, pas même sur le plus humble subalterne arrivé d'Angleterre tout dernièrement, avec ses boutons à peine sortis du papier de soie, et les joues encore toutes rouges du bœuf savoureux de l'Angleterre.

Ici, il s'agit de raconter l'histoire d'un ver qui se retourna.

Afin d'être bref, nous désignerons Henri-Auguste Ramsay Faizanne par ce nom de Ver, bien qu'en réalité ce fût un jeune garçon extrêmement gentil, sans un poil sur la figure, avec une taille de jeune fille, lorsqu'il fut envoyé au second régiment de Shikarris, où on le rendit malheureux de diverses manières.

Les Shikarris sont des régiments de haute volée, et il faut savoir y faire convenablement les choses, jouer du banjo, être un peu plus que bon cavalier, être bon chanteur, bon acteur, afin d'y être bien vu.

Le Ver ne faisait rien qu'une chose: c'était de tomber de son poney et d'enlever des copeaux aux montants des portes avec son harnais.

Et même on finit par trouver la chose monotone.

Il faisait des façons pour jouer au whist. Il crevait le drap des billards. Il chantait faux, ne se liait guère. Il écrivait au pays, à sa maman, à ses sœurs.

Sur ces cinq choses, il y en avait quatre que les Shikarris blâmaient comme des vices, et qu'ils entreprirent d'extirper.

Chacun sait comment les sous-officiers sont adoucis par les sous-officiers leurs collègues, qui ne leur permettent pas de se montrer féroces.

Cela est bon, et salutaire, ne fait de mal à personne, à moins qu'on ne perde patience; alors il y a des ennuis.

Une fois il était un…

Mais nous conterons cela un autre jour.

Les Shikarris *Shikarrifièrent* le Ver avec persévérance, et il supporta tout sans sourciller.

Il était si bon, si désireux de s'instruire; il devenait d'un rouge si vif qu'on coupa court à son dressage et qu'il fut abandonné à lui-même par tout le monde, excepté par le doyen des sous-officiers, qui persista à faire de la vie un lourd fardeau pour le Ver.

Le doyen des sous-officiers ne voulait pas être méchant, mais ses blagues étaient grossières, et il ne savait pas toujours s'arrêter où il fallait.

On lui avait fait attendre longtemps sa compagnie, et cela vous aigrit toujours un homme.

Et en outre, il était amoureux, ce qui le rendait pire.

Un jour, après avoir emprunté la carriole du Ver pour une dame qui n'avait jamais existé, il s'en était servi lui-même pendant toute la soirée, lui avait envoyé un billet qui était censé venir de la dame.

Comme il contait la chose au mess, le Ver se leva et dit de sa voix tranquille, féminine:

—C'était une jolie farce, mais je parie un mois de ma solde, contre votre premier mois de solde, quand vous aurez votre nomination, de vous en jouer un, de tour, dont vous vous souviendrez pendant toute votre vie, et qui se contera encore dans le régiment quand vous serez mort ou cassé.

Le Ver n'était pas le moins du monde en colère, et le reste du mess applaudit à grands cris.

Alors le sergent doyen regarda le Ver des pieds à la tête, puis de la tête aux pieds, et dit:

—C'est entendu, Bébé!

Le Ver prit le reste du mess à témoin que le pari était engagé, et avec un doux sourire s'enfonça dans la lecture d'un livre.

Deux mois se passèrent.

Le sergent doyen continuait à dresser le Ver, qui commençait à se donner un peu plus de mouvement à mesure que le temps devenait plus chaud.

J'ai dit que le sergent doyen était amoureux.

Ce qu'il y a de curieux, c'est qu'une jeune fille fut amoureuse du sergent doyen.

Malgré les propos terribles du colonel, malgré les grognements des majors, malgré les airs d'inexprimable prudence que prenaient les capitaines mariés, malgré les blagues des jeunes, les fiançailles avaient eu lieu.

Le sergent doyen était si content d'avoir sa compagnie et en même temps d'être agréé, qu'il en oubliait de tourmenter le Ver.

La jeune fille était jolie, et elle avait sa fortune indépendante. Elle ne joue aucun rôle dans la présente histoire.

Un soir, au commencement de la saison chaude, tout le mess était assis sur la plate-forme qui se trouvait en avant de sa maison, il n'y manquait que le Ver, qui était rentré chez lui pour écrire des lettres au pays.

La musique avait fini de jouer, mais personne ne songeait à rentrer.

Il y avait là aussi les femmes des capitaines.

La folie dépasse toutes limites chez un homme amoureux.

Le sergent doyen s'était étendu, à n'en plus finir, sur les mérites de la jeune personne à laquelle il était fiancé, et les dames ronronnaient d'approbation, pendant que les hommes bâillaient, quand on entendit un froufrou de robe dans l'obscurité, et une voix lasse et faible se fit entendre.

—Où est mon mari?

Je n'ai pas le moins du monde l'intention de jeter un doute sur la moralité des Shikarris, mais il est de notoriété publique qu'alors quatre hommes sursautèrent comme s'ils avaient reçu un coup de fusil.

Trois d'entre eux étaient mariés.

Peut-être avaient-ils été terrifiés à la pensée que leurs femmes étaient arrivées d'Angleterre sans les prévenir.

Le quatrième dit qu'il avait obéi à une impulsion instantanée. Il donna plus tard des explications sur ce point.

Alors la voix appela.

—Oh! Lionel!

Lionel était le prénom du sergent doyen.

Une femme entra dans la pièce faiblement éclairée par les bougies plantées dans les trous des tables.

Elle étendait les mains en tâtonnant dans l'obscurité du côté du sergent doyen, et elle sanglotait.

Nous nous levâmes soudain, pressentant qu'il allait se passer quelque chose, et tout disposés aux pires suppositions.

Dans ce méchant petit univers, qui est le nôtre, chacun en sait si peu sur la vie de son voisin le plus proche,—ce qui d'ailleurs ne regarde que ce dernier,—qu'on ne montre aucune surprise quand un éclat se produit.

Il peut arriver n'importe quoi dans l'existence de n'importe qui.

Peut-être que, dans sa jeunesse, le sergent doyen s'était laissé prendre au piège.

Il y a comme cela des hommes qui traînent un boulet de ce genre.

Nous ne savions pas, nous étions pressés de savoir, et les femmes des capitaines l'étaient autant que nous.

S'il avait été pris au piège, il était excusable, car cette femme aux chaussures poudreuses, au costume de voyage gris, qui arrivait de je ne sais où, était extrêmement jolie, avec ses cheveux noirs, et ses grands yeux pleins de larmes.

Elle était grande, avec une tournure fine, et sa voix avait un tremblement de sanglots qui faisait peine à entendre.

Dès que parut le sergent doyen, elle lui jeta les bras autour du cou, l'appela «Mon chéri». Elle dit qu'elle ne pouvait plus supporter de rester seule en Angleterre à l'attendre, qu'elle ne recevait de lui que des lettres courtes et froides, qu'elle le suivrait jusqu'au bout du monde... Est-ce qu'il lui pardonnerait?

Ces propos-là n'étaient pas exactement ceux qu'eût tenus une vraie lady: ils étaient trop démonstratifs.

Les choses tournaient au noir.

Les femmes des capitaines, les yeux à demi clos, épiaient le sergent doyen, et la figure du colonel se rembrunissait: on eût dit le Jugement dernier encadré d'une barbe grise tout hérissée.

Pendant un temps, ce fut un silence complet.

Alors le colonel prit la parole, très brièvement.

—Eh bien, Monsieur?

Et les sanglots de la femme redoublèrent.

Le sergent doyen était à moitié étranglé par les bras qui lui enserraient le cou, mais il parvint à dire:

—C'est un affreux mensonge. Jamais de ma vie je n'ai été marié.

—Ne jurez pas, dit le colonel, venez au mess. Il faut tirer cette affaire au clair.

Et il soupira en aparté, car il croyait à ses Shikarris, ce bon colonel.

On s'empila dans l'antichambre, sous la pleine lumière, et alors nous vîmes combien la femme était belle.

Elle se tenait debout, au milieu de nous, tantôt la voix coupée par les pleurs, tantôt prenant l'air dur et fier, et aussitôt après tendant les mains vers le sergent doyen.

On eût dit le quatrième acte d'une tragédie.

Elle nous raconta que le sergent doyen l'avait épousée dix-huit mois auparavant pendant un congé qu'il avait passé en Angleterre. Elle paraissait savoir sur lui tout ce que nous savions, et plus encore, sur la famille du sergent, sur sa vie d'autrefois.

Il était pâle, d'une pâleur cendrée. Il faisait de temps en temps un effort pour arrêter ce torrent de paroles.

Quant à nous, en la voyant si charmante, et remarquant combien il avait l'air en faute, nous le regardions comme un animal de la pire espèce.

Toutefois nous en étions un peu fâchés pour lui.

Je n'oublierai jamais l'acte d'accusation porté contre le sergent doyen par sa femme.

Lui non plus ne l'oubliera pas.

Cela s'était produit si brusquement, cela avait surgi des ténèbres d'une façon si inattendue, au milieu de notre monotone existence.

Les femmes des capitaines s'effacèrent un peu, mais elles avaient des lueurs dans les yeux et on y lisait clairement que le sergent doyen était jugé et condamné.

Le colonel semblait avoir vieilli de cinq ans.

Un des majors, s'abritant les yeux avec la main, dévisageait la femme, de dessous cet abri.

Un autre mordait sa moustache et souriait tranquillement, comme s'il assistait à une représentation.

Au milieu de l'espace libre qui se trouvait au centre, le terrier du sergent doyen faisait la chasse à ses puces.

Je me rappelle tout cela aussi nettement que si j'en avais une photographie à la main. Je me rappelle l'expression d'horreur qui se trouvait sur la figure du sergent doyen.

Cela faisait à peu près le même effet que de voir pendre un homme; c'était même plus intéressant.

Pour en finir, sa femme déclara que le sergent doyen avait les initiales F. M. tatouées deux fois sur l'épaule gauche.

Cela nous le savions tous, et dans notre naïveté, nous étions convaincus que la question était tranchée par cette preuve-là.

Mais un des majors célibataires dit très poliment:

—Je crois cependant que votre certificat de mariage ferait mieux l'affaire.

Cela piqua la femme au vif.

Elle se dressa, regarda le sergent doyen d'un air narquois, comme elle eût regardé un chien, et elle tint des propos insolents envers le major, le colonel, et tout le monde.

Puis elle pleura, et enfin tira de son corsage un papier, et dit, de l'air d'une impératrice:

—Le voilà! Et que ce soit mon mari—mon mari légitime qui le lise tout haut,—s'il en a l'audace.

Un silence se fit.

Les hommes échangèrent des regards.

Le sergent doyen s'avança l'air ahuri, le pas incertain, et prit le papier.

Tout en regardant avec stupéfaction, nous nous demandions s'il n'allait pas sortir de là quelque chose qui tournerait contre nous un jour ou l'autre.

Le sergent doyen avait la gorge sèche, mais quand il eut parcouru le papier, il eut comme un gloussement rauque de soulagement, et dit à la femme:

—Petite canaille!

Mais la femme s'était esquivée par une porte, et sur le papier était écrit ce qui suit:

«Ceci a pour but de certifier que moi, le Ver, j'ai payé intégralement ma dette au sergent doyen, et en outre, que le sergent doyen est mon débiteur, d'après la convention conclue le 23 février, ainsi que le mess en a été témoin, et que sa dette se monte à un mois de solde de capitaine, payable en monnaie ayant cours dans l'Empire indien.»

Alors une députation se rendit chez le Ver, et le trouva bien tranquille, occupé à délacer un corset; le chapeau, la perruque, et le costume de serge, et le reste sur le lit.

Il revint avec nous tel qu'il était, et les Shikarris poussèrent de tels cris, que le mess des artilleurs envoya demander si on ne pourrait pas les admettre à prendre part à la fête.

Je suis d'avis que nous fûmes tous, à l'exception du colonel et du sergent doyen, quelque peu désappointés de voir que le scandale avait avorté. Mais c'est ainsi qu'est faite la nature humaine.

Il n'y avait pas moyen de mettre en doute le talent du Ver comme acteur: il avait poussé la chose aussi près d'un affreux et tragique dénouement, que le comportait ce genre de facétie.

La plupart des sous-officiers le mirent à la question afin de savoir pourquoi il n'avait pas dit qu'il était très fort comme acteur, mais il répondit tranquillement:

—Je ne me souviens pas que vous me l'ayez jamais demandé. J'avais l'habitude de jouer des pièces à la maison avec mes sœurs.

Mais des pièces jouées avec des jeunes filles… cela n'était pas assez pour expliquer le talent dont le Ver avait fait preuve ce soir-là.

Pour mon compte, je trouve que c'était de mauvais goût. Et en outre c'était dangereux. Il ne sert de rien de jouer avec le feu, même pour faire des farces.

Les Shikarris l'élurent président du club dramatique du régiment, et quand le sergent doyen paya sa dette, ce qu'il fit sans se faire prier, le Ver dépensa tout l'argent à acheter des décors et des costumes.

C'était un bon Ver et les Shikarris sont fiers de lui.

Le seul inconvénient de la chose, c'est qu'on lui ait donné le nom de «Mistress Sergent Doyen», et comme il y a maintenant deux mistress Sergent Doyen dans la garnison, les étrangers s'y trompent quelquefois.

Plus tard, je vous conterai un fait qui ressemble un peu à celui-là, mais où il ne reste rien du côté plaisant, et où tout se passa d'une façon fâcheuse.

FIN